中华体育精神
与高校立德树人

金正程◎著

新华出版社

图书在版编目（CIP）数据

中华体育精神与高校立德树人 / 金正程著 .

北京 : 新华出版社 , 2024. 6.

ISBN 978-7-5166-7442-0

Ⅰ . G80-054；G641

中国国家版本馆 CIP 数据核字第 2024SK1080 号

中华体育精神与高校立德树人

作者：金正程

出版发行：新华出版社有限责任公司

（北京市石景山区京原路 8 号　邮编：100040）

印刷：天津和萱印刷有限公司

成品尺寸：170mm×240mm　1/16	**印张：**6.5	**字数：**135 千字
版次：2025 年 3 月第 1 版	**印次：**2025 年 3 月第 1 次印刷	
书号：ISBN 978-7-5166-7442-0	**定价：**68.00 元	

微店　　视频号小店　　抖店　　京东旗舰店

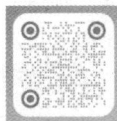

微信公众号　　喜马拉雅　　小红书　　淘宝旗舰店　　扫码添加专属客服

前　言

　　立德树人是教育的根本任务，是高校的立身之本。党的十八大以来，党和国家领导人立足党和国家工作全局，围绕如何落实立德树人根本任务发表一系列重要讲话，做出一系列重要指示批示，如要努力构建德智体美劳全面培养的教育体系，形成更高水平的人才培养体系，要把立德树人融入思想道德教育、文化知识教育、社会实践教育各环节。思政教育与高校立德树人工作关系紧密，两者之间有着不可割裂的纽带。那么，除了至关重要的思政课，还有什么能够为高校立德树人发挥育人价值和功效？

　　最是精神能动人，也最是精神能育人。从内容上看，中华体育精神的内涵与高校的立德和树人都有着千丝万缕的关系，而且当代大学生健全人格的塑造和发展离不开体育从制度、物质，特别是精神层面的影响。

　　基于此，本书深入挖掘中华体育精神在高校立德树人中的价值，精准定位中华体育精神与高校立德树人的融合点，并建立中华体育精神促进高校开展立德树人、育人工作的实践途径。本书共十章，深入浅出地解析了中华体育精神的内涵，以及其在高校立德树人中的重要性和实践方法。第一章主要讲述了中华体育精神，提出了研究中华体育精神的理论意义与实践价值，梳理了关于中华体育精神的重要讲话与指示，阐释了中华体育精神的内涵与核心价值。第二章主要讲述了高校立德树人，介绍了立德树人的内涵，强调了立德树人是高校的根本任务，剖析了当代大学生思想道德品质培育的困境，并研究了中华体育精神与高校立德树人的关系。第三章主要讲述了中华体育精神的初心——为国争光，包括为国争光在中华体育精神中的地位、为国争光在体育运动中的体现，以及为国争光在大学生理想信念塑造中的作用。第四章主要讲述了中华体育精神的灵魂——无私奉献，包括无私奉献在中华体育精神中的地位、无私奉献在体育运动中的体现，以及无私奉献在大学生优秀品质发展中的作用。第五章主要讲述了中华体育精神的理念——科学求实，包括科学求实在中华体育精神中的地位、科学求实在体育运动中的体现及科学求实在大学生态度养成中的作用。第六章主要讲述了中华体育精神的原则——遵纪守法，包括遵纪守法在中华体育精神中的地位、遵纪守法在体育运动中的体现及遵纪守法对大学生规则意识的促进作用。第七章主要讲述了中华体育精神的基石——团结协作，包括团结协作在中华体育精神中的地位、团结协作在体育运动中的体现及团结协作在大学生集体发展中的作用与实现。第八章主要讲述了中华体育精神的支柱——顽强拼搏，包括顽强拼搏在中华体育精神中的地位、顽强拼搏在体育运动中的体现及顽强拼搏在大学生个性发展中的作用与实现。第九章主要阐述了中华体育精神与高校立德树人的融合，解释了中华体育精神融入高校立德树人的意义，提出了中华体育精神植入高校思政课程的原则，并探索了中华体育精神与高校体育课的融合点。第十章探讨了中华体育精神在高校立德树人中的实践，重点讲述了优秀运动员对中华体育精神的宣扬以及校园体育文化建设推动高校立德树人。

　　本书充分阐述了中华体育精神的内涵与外延，研究了中华体育精神与高校立德树人的紧密联系，将中华体育精神宣扬、传导到大学生在校期间体育实践活动的全过程，并且将其融合到高校立德树人的工作中，以期切实增强高校思想政治教育效果。本书可为进一步挖掘中华体育精神蕴含的责任、果敢、刻苦、担当、勇敢、乐观等元素提供思路，通过提出学习了解重大体育赛事、讲好体育拼搏事迹等教育形式，为引导大学生促进个人成长与实现国家强盛、民族振兴的梦想提供途径，为挖掘体育承载的"育魂"功能提供参考。

目　录

第一章　中华体育精神

一、研究中华体育精神的理论意义与实践价值

（一）研究中华体育精神的理论意义

1. 丰富和补充体育理论

中华体育精神是中国体育文化的重要组成部分，对其进行深入研究有助于更加全面地理解中国体育的发展历程、特点和趋势。同时，这也有助于构建和完善具有中国特色的体育理论体系，推动中国体育事业的持续发展。

2. 传承和弘扬中华文化

中华体育精神根植于中华民族悠久的历史文化中，体现了中华民族独特的精神内核和道德观念。研究中华体育精神，有助于更好地传承和弘扬中华文化，增强民族自信心和自豪感。

3. 提升体育软实力

在经济全球化背景下，体育已经成为国家软实力的重要组成部分。研究中华体育精神，有助于提升中国体育的国际影响力和竞争力，展示中国体育的独特魅力和价值。

4. 指导体育实践

中华体育精神包含为国争光、无私奉献、科学求实、遵纪守法、团结协作、顽强拼搏等内容，这些精神品质对于指导体育实践具有重要意义。研究中华体育精神可以为体育工作者和爱好者提供精神指引和行动指南，促进他们更好地参与体育活动和比赛。

（二）研究中华体育精神的实践价值

1. 推动体育事业发展

中华体育精神是体育事业发展的精神支柱和动力源泉。研究中华体育精神可以激发人们的体育热情和参与体育活动的积极性，推动体育事业的繁荣和发展。这种精神力量可以转化为实际行动，促进体育竞技水平的提高，培养更多的优秀运动员和体育人才。

2. 培养优秀人才

中华体育精神强调为国争光、无私奉献、科学求实、遵纪守法、团结协作、顽强拼搏等品质，这些品质对于培养优秀人才具有重要意义。研究中华体育精神可以引导和教育年轻人树立正确的世界观、人生观和价值观，培养他们的责任意识和团队精神，提高他们的综合素质和竞争力。

3. 促进社会和谐与进步

中华体育精神体现了中华民族的传统美德和社会价值观。研究中华体育精神可以弘扬社会正气、传播正能量、促进社会和谐与进步。同时，中华体育精神也可以作为一种文化符号展示中国的良好形象和软实力，增强国际社会对中国的认同感。

4. 指导体育教育改革

体育教育是促进青少年身心健康和全面发展的重要途径，研究中华体育精神可以为体育教育改革提供理论支持和指导，推动体育教育的创新和发展。培养青少年的体育兴趣、运动习惯和体育精神可以提高他们的综合素质和未来发展潜力。

二、关于中华体育精神的重要讲话与指示

近年来，中国正处于从体育大国向体育强国迈进的过程，中华体育精神的传承、发扬是体育强国建设的重要战略目标，深入挖掘中华体育精神，将

其融入社会主义核心价值体系建设是体育强国建设的重要战略任务。习近平总书记在各种重要场合，多次发表关于中华体育精神的重要讲话、作出重要指示，明确了中华体育精神的深刻内涵，诠释了中华体育精神的精髓，同时也为体育强国建设背景下中华体育精神的发展指明了方向，以下是对习近平总书记在不同场合所作的一些重要讲话与重要指示的摘录。

"你们来到这里，既是运动员，也是中国人民的友好使者。希望大家发扬光大奥林匹克精神和中华体育精神，尊重对手、尊重裁判、尊重观众、遵守规则，胜不骄、败不馁，以良好的赛风赛纪和文明礼仪，充分展示中国的良好形象，为中国申办 2022 年冬奥会作出贡献。"

——2014 年 2 月 7 日在索契亲切看望索契冬奥会中国体育代表团

"不要有锦标思想。要放松心态，甩掉包袱，赛出水平，展示风采，让外国朋友看到中华体育精神和中国人民的意志力。更看重你们通过赛事收获的其他宝贵附加意义。"

——2014 年 8 月 15 日到南京看望青奥会中国体育代表团

"我国体育健儿在里约奥运会上的出色表现，生动诠释了奥林匹克精神和中华体育精神，为祖国争了光，为民族争了气，为奥运增了辉，为人生添了彩，激发了全国人民的爱国热情和全世界中华儿女的民族自豪感，增强了中华民族的凝聚力、向心力、自信心，是中国精神的一个重要体现。"

——2016 年 8 月 25 日会见第 31 届奥运会中国体育代表团

"加快建设体育强国，就要弘扬中华体育精神，弘扬体育道德风尚，坚定自信，奋力拼搏，提高竞技体育综合实力，更好发挥举国体制作用，把竞技体育搞得更好、更快、更高、更强，提高为国争光能力，让体育为社会提供强大正能量。"

——2017 年 8 月 27 日在天津会见全国群众体育先进单位、先进个人代表和全国体育系统先进集体、先进工作者代表以及在本届全运会群众比赛项目中获奖的运动员代表

"体育强则国家强，国家强则体育强。发展体育事业不仅是实现中国梦的重要内容，还能为中华民族伟大复兴提供凝心聚气的强大精神力量。我们要弘扬中华体育精神，弘扬体育道德风尚，推动群众体育、竞技体育、体育产业协调发展，加快建设体育强国。"

——2019 年 2 月 1 日考察北京冬奥会和冬残奥会筹办工作

"在第十三届女排世界杯比赛中，你们以十一连胜的骄人成绩夺得了冠军，成功卫冕，为祖国和人民赢得了荣誉。你们不畏强手、敢打敢拼，打出了风格、赛出了水平。在提前一轮锁定冠军的情况下，你们在最后一场比赛中没有丝毫懈怠，尊重对手，尊重自己，坚持打好每一个球，很好诠释了奥林匹克精神和中华体育精神。中国女排夺得了第五个女排世界杯冠军，第十次荣膺世界排球'三大赛'冠军，激发了全国人民的爱国热情，增强了全国人民的民族自信心和自豪感。"

——2019 年 9 月 30 日在人民大会堂会见中国女排代表

"奥林匹克频道要通过奥林匹克运动和文化传播，讲述中国体育故事、弘扬中华体育精神，加强国际体育交流合作，推动我国同世界各国文明互鉴、民心相通。"

——2021 年 10 月 25 日致信祝贺中央广播电视总台央视奥林匹克频道及其数字平台开播上线

"7 年来，我国广大运动员、教练员牢记党和人民嘱托，争分夺秒、刻苦训练，在冬奥赛场上敢打敢拼、超越自我，胜利完成各项比赛任务。中国体育代表团首次全项参赛，勇夺冬奥会 9 枚金牌、15 枚奖牌和冬残奥会 18 枚金牌、61 枚奖牌，创造了我国参加冬奥会、冬残奥会的历史最好成绩！我国广大运动员、教练员以实际行动落实拿道德金牌、风格金牌、干净金牌的要求，诠释了奥林匹克精神和中华体育精神，实现了运动成绩和精神文明双丰收，为党和人民赢得了荣誉！"

——2022 年 4 月 8 日在北京冬奥会、冬残奥会总结表彰大会上的讲话

三、中华体育精神的内涵与核心价值

（一）为国争光

1. 为国争光的内涵

为国争光是指通过个人或团体的努力和奋斗，为国家赢得荣誉和尊重的行为。这种行为通常涉及个人或团体在体育、文化、科技等领域的优秀表现，能够提升国家的国际形象和地位。

2. 为国争光的意义与价值

为国争光是爱国主义情感和集体荣誉感的体现，其意义与价值主要体现在以下方面：

（1）激励民族精神

为国争光能够激发出全民强烈的民族自豪感和民族自信心，这种精神力量可以激励全民族积极向上、奋发图强，共同为国家的繁荣和强大而努力奋斗。

（2）提升国家凝聚力

当一个国家在某个领域取得优异成绩时，会增强国民的凝聚力和向心力，这种力量可以促进国家内部的团结和稳定。

（3）推动社会进步

为国争光所体现出的集体主义、拼搏精神和创新思维等正能量可以促进社会文明进步和和谐发展。

（4）鼓舞人心

为国争光的事迹和人物可以成为人们学习的榜样，激发人们的奋斗热情和创造力，提升整个国家的综合竞争力和国际影响力。

3. 为国争光在体育中的体现

为国争光在体育中的体现主要是在国际比赛中，代表国家出战的运动员努力争取最好的成绩，为国家赢得荣誉。这种体现源于运动员对祖国的热爱和对民族自豪感的认同，他们通过自己的汗水和努力，将国家的形象和声誉推向世界。在比赛中，为国争光体现在各个项目中的优异成绩、出色的表现和顽强的精神中。运动员的拼搏和奋斗不仅仅是为了个人的荣誉，更是为了祖国的荣誉。他们的胜利意味着国家的强大和民族的团结，他们的成就是国家的骄傲。除了在赛场上的表现，运动员日常的刻苦训练也是为国争光的重要体现。他们日复一日、年复一年刻苦训练，不断提高自己的竞技水平，克服各种困难，就是为了能在国际赛场上为国家争取更多的荣誉。此外，运动员在赛场内外展现的良好形象和品质也是为国争光的重要体现。他们不仅在比赛中表现出色，更在日常生活中践行社会主义核心价值观，成为国家和民族的榜样。

（二）无私奉献

1. 无私奉献的内涵

无私奉献是指不求回报地投入自己的时间、精力、资源和财富等，以帮助他人、促进社会进步或者实现个人理想。这种行为不以获取个人利益为目的，而是出于对他人的关心。

2. 无私奉献的意义与价值

无私奉献的人通常愿意为了更高尚的目标而放弃个人的利益，他们具有高度的道德责任感。这种行为在人类社会中得到广泛赞扬和推崇，因为它有助于建立互信、互助的社会关系，增强社会的凝聚力。其意义与价值主要体现在以下方面：

（1）促进社会和谐

无私奉献可以促进人与人之间的相互关爱和理解，有助于建立和谐的社会关系。当个人在关键时刻得到帮助时，他们会表示感激并以同样的方式回报他人。

（2）提升个人道德素质

通过无私奉献，个人可以培养自己的道德品质，如慷慨、善良、宽容等。这些品质不仅对他人有益，也有助于个人成长与提升。

（3）树立良好的社会形象

无私奉献有助于个人树立良好的社会形象。一个无私奉献的人，会被视为可靠、有爱心和值得信赖的人，这对个人的社会声誉和职业发展都有积极的影响。

（4）传播正能量

无私奉献可以传播正能量，让周围的人感受到爱和温暖。这种正能量可以激发人们的积极性和创造力，对个人和社会的发展都有正面影响。

（5）实现自我价值

通过无私奉献，个人可以感受到自我价值的实现。当我们为他人付出时，不仅帮助了他人，也让自己感到满足。这种自我价值的实现有助于个人心理健康。

3.无私奉献在体育中的体现

无私奉献在体育中体现为运动员为了赢得国家荣誉，甘愿付出巨大的努力。他们通过长期的艰苦训练和不懈的努力，争取在比赛中取得好成绩，为国家争光。这种无私奉献的精神体现了运动员对国家的忠诚与担当，也体现了他们对自己职业的热爱。同时，无私奉献在体育中也表现为裁判员的公正、无私。他们对待每一个运动员都一视同仁，不偏袒、不歧视，严格遵守比赛规则和裁判标准，确保比赛的公平和公正。他们的无私奉献保证了比赛的顺利进行和运动员间的公平竞争。除了运动员、裁判员，体育志愿者也能表现出无私奉献。他们在比赛中扮演着重要的角色，为运动员提供了必要的服务和支持，如引领、陪同等。他们的无私奉献使运动员能够更好地专注于比赛，发挥更好的水平。同时，志愿者也在服务中收获了成长和快乐，体现出体育的互助和团结精神。当然，无私奉献还表现为人们对体育事业的热爱和投入。无论是运动员、教练员还是普通爱好者，他们都将自己的热情投入体育事业中，为体育事业的发展贡献了自己的力量。他们的无私奉献推动了体育事业的繁荣和发展，也传承、弘扬了中华体育精神。

（三）科学求实

1. 科学求实的内涵

科学求实是指在研究和实践中，要以客观事实为依据，遵循科学的方法和原则，不断探索和发现真理。科学求实不仅是一种严谨的态度，也是科学研究和实践的基石。

2. 科学求实的意义与价值

科学求实可以帮助人们更深入地理解自然规律和现象，从而更好地认识世界，可以促进技术的创新和发展，推动人类社会进步；还可以培养人们的批判性思维和独立思考能力，提高人们的思维能力和综合素质。其意义与价值主要体现在以下方面：

（1）推动科学进步

科学求实是科学研究的核心，它强调以客观事实为依据，通过实证的方法来探索和发现真理。这种精神推动科学家不断突破旧有的理论和观念，提出新的假设和模型，从而推动科学的进步和发展。

（2）做出正确决策

科学求实要求我们在面对问题时，以客观事实为依据，进行理性地分析和判断。这种精神可以帮助我们在政治、经济、社会等各个领域做出正确的决策，避免盲目行动和错误判断。

（3）提高工作效率

科学求实强调实事求是、注重效率，反对虚假。在社会生产和生活中，遵循科学求实可以提高工作效率、减少资源浪费，从而推动社会的可持续发展。

（4）增强社会信任

科学求实要求人们在研究和实践中保持诚实和公正，不夸大其词、不隐瞒真相。这种精神可以增强社会对科学研究和实践的信任度，推进科学知识和技术的普及和应用。

3.科学求实在体育中的体现

科学求实在体育中的体现是多方面的。首先，科学的训练方法是提高成绩的关键。通过科学的训练方法，运动员可以更有效地提高体能、技术，从而在比赛中取得更好的成绩。这需要教练和运动员具备科学素养，了解生理学、心理学等方面的知识，并将其应用到训练和比赛中。其次，科技的进步为体育带来很多便利。例如，智能设备的普及可以帮助运动员更好地监测自己的身体状况，如心率、步数、睡眠等，从而更好地调整训练计划。再次，虚拟现实技术、增强现实技术等也可以用于体育训练和比赛中，使运动员能够更加真实地模拟比赛场景，提高训练效果。最后，体育比赛的组织和管理也需要科学的态度和方法。例如，比赛组织者需要运用科学的方法来安排赛程、调配资源、保障安全等，以确保比赛的顺利进行。

（四）遵纪守法

1.遵纪守法的内涵

遵纪守法指的是人们在社会生活中遵守各种法律法规、遵守社会公德、遵守公共秩序，不违法乱纪，同时还要树立正确的道德观念和价值观念，积极履行公民的义务。

2.遵纪守法的意义与价值

遵纪守法是公民的社会责任和基本义务，是维护社会稳定的基石。其意义与价值主要体现在以下方面：

（1）维护社会秩序

遵纪守法是每个公民的基本义务，也是维护社会和谐稳定的重要保障。它能够使社会更加文明、公平，有助于维护社会的稳定。通过遵守法律、法规和纪律，人们能够在一个有序的环境中生活、工作和学习，减少社会矛盾和冲突。

（2）保障公平正义

法律是社会公正的体现，它规定了人们的权利和义务，保护了弱势群体的利益。遵纪守法意味着维护法律的权威，有助于保障社会的公平正义。

（3）推动社会进步

遵纪守法不仅是个人行为的要求，也是社会文明进步的标志。一个遵纪守法意识强的社会，其公民素质普遍较高，社会秩序井然有序，有利于推动社会的整体进步和发展。

（4）维护个人权益

遵纪守法可以使个人的合法权益得到有效保护。当个人权益受到侵害时，可以依法维护自己的权益，得到应有的补偿。

（5）树立良好国际形象

在国际交往中，一个遵纪守法的国家会赢得其他国家的尊重和信任，这有助于树立良好的国际形象，促进国际间友好合作。

3. 遵纪守法在体育中的体现

在体育中，遵纪守法这一概念也有其独特的体现。体育比赛是一种竞技活动，为了确保比赛环境的公平、公正，各个比赛项目都制定了一套详细的规则。这些规则不仅涉及参赛者的行为，也包括裁判员、工作人员和观众的行为。对于参赛者而言，遵守比赛规则是最基本的要求。例如，在足球比赛中，球员不能犯规或者进行不公平竞争。一旦违反规则，就会被判为犯规，这会对比赛结果产生影响。此外，参赛者还需要遵守赛场秩序，不能扰乱比赛进程。同样的，裁判员和工作人员要确保比赛按照规则进行。他们需要公正地执行规则，不能偏袒任何一方。如果出现争议或者犯规行为，他们需要及时处理并进行公正的判决。当然，观众也是体育比赛中的重要组成部分。他们需要遵守赛场规定，不能干扰比赛进程。例如，在篮球比赛中，观众不能向场内投掷物品或者大声喧哗，以免影响球员的比赛表现。

（五）团结协作

1. 团结协作的内涵

团结协作指的是在共同的目标下，人们互相支持、协作、共同进步的精神。它强调的是团队合作的力量，通过人们相互之间的合作和配合，实现共同的目标。

2. 团结协作的意义与价值

团结协作是一种积极向上的工作态度和价值观，它能够提高工作效率和工作质量，增强人们的凝聚力和归属感，促进个人和团队的共同成长。在团结协作中，每个人都要尊重他人、理解他人、关心他人，积极沟通、有效协作，共同面对和解决问题。同时，团结协作也需要良好的组织纪律和规矩，确保团队的正常运转和工作的高效进行。其意义与价值主要体现在以下方面：

（1）提高工作效率

通过团结协作，任务能够更快地完成。团队成员之间可以互补，减少重复和浪费时间，从而更快地完成任务。

（2）增强团队凝聚力

团结协作可以增强团队成员之间的凝聚力。通过共同的目标和努力，团队成员可以更好地了解彼此的贡献，从而建立更强的团队精神。

（3）培养创新思维

不同背景和专业的团队成员可以相互交流思想，产生新的想法和解决方案。这种多元化的交流可以培养创新思维，推动团队向前发展。

（4）解决复杂问题

团结协作可以帮助团队更好地解决问题。团队成员可以共同分析问题，提出解决方案，并共同努力实现目标。集体智慧能够更好地应对挑战和困难。

（5）增强信心

团结协作可以让团队成员感到更有信心。通过共同努力，团队成员可以建立起对自己和团队的信心，从而更好地应对未来的挑战。

3. 团结协作在体育中的体现

在体育运动中，团结协作是非常重要的价值观和原则。它不仅在竞技场上体现得淋漓尽致，而且在运动员的日常训练和生活中也发挥着至关重要的作用。团结协作在竞技体育中不可或缺。许多体育项目都需要团队成员之间密切配合，如足球、篮球、排球等。在这些项目中，每个运动员都有自己的职责，只有通过团结协作，才能充分发挥整体实力，取得更好的成绩。例如，在足球比赛中，前锋需要与中场和后卫密切配合，才能更好地进攻和防守。如果队员之间缺乏协作，可能会导致失误。同时，团结协作也体现在运动员的日常训练中。在集体项目中，队员之间通常会一起训练、相互帮助。他们一起练习项目、互相纠正错误、分享经验和技巧。这种团结协作的精神不仅有助于提高个人的技能水平，也有助于增强团队的凝聚力和战斗力。此外，在体育比赛中，团结协作也表现在对对手的尊重和良好的体育精神上。无论是在场上还是场下，运动员都应该尊重对手，彼此友好相待。运动员应该遵守比赛规则，公正比赛。这种体育精神不仅有助于增进运动员之间的友谊和团结，也有助于提高体育运动的水平。

（六）顽强拼搏

1. 顽强拼搏的内涵

顽强拼搏指的是一种不屈不挠、持之以恒的精神，在面对困难和挑战时，能够坚定不移地追求自己的目标，不放弃、不退缩，不断努力奋斗，直至最终取得成功。

2. 顽强拼搏的意义与价值

顽强拼搏强调的是积极向上的态度和决心，不畏惧失败和挫折，敢于挑战自我，不断提升自己的能力和水平。顽强拼搏不仅是一种精神状态，更是一种行动方式，需要在实际工作和生活中不断实践和磨炼。其意义与价值主要体现在以下方面：

（1）激发内驱动力

面对困难时，顽强拼搏的精神可以激发人们内在的勇气和决心，使人们能够积极应对并战胜困难。这种精神能够促使人们不断进步，挑战自我，实现自我价值。

（2）增强抗压力和自信心

顽强拼搏是一种特殊的心理素质，它可以使人们在挫折和磨难中保持坚韧不拔，从中吸取教训并继续努力。这种精神可以增强人们的抗压力，培养坚韧的毅力，增强人们的信心和勇气。

（3）促进个人和团队成长

顽强拼搏的精神可以激发人们的潜力和创造力，促使个人和团队在各个领域中不断取得突破和进步。这种精神可以培养人们的自律性、自强意识和乐观态度，推动个人和团队不断超越自我，获得更大的成就。

（4）实现目标与路径的统一

顽强拼搏不仅是对目标的坚守和追求，也是对实现目标所需路径的专注和聚焦。通过顽强拼搏，人们可以更加清晰地认识自己的目标，制定出有效的策略，并付诸实践。这种精神可以帮助人们实现目标与路径的统一，更加高效地实现自己的目标。

（5）营造积极向上的社会氛围

顽强拼搏的精神可以影响和感染他人，营造积极向上的氛围。当个人和团队都展现出顽强拼搏的精神时，会激励更多的人积极投身到各项事业中，共同推动社会的进步和发展。

3. 顽强拼搏在体育中的体现

为了在比赛中获得好成绩，运动员需要经过长时间的艰苦训练。这需要他们具备顽强的毅力和耐力，能够坚持不懈地进行训练，不怕苦、不怕累。同时，运动员还需要强大的体魄来克服伤病，在体育比赛中，受伤是常有的事情，而顽强的运动员会在受伤后依然坚持训练和比赛，甚至在痊愈后会更加努力地训练，以证明自己的实力。此外，体育比赛往往充满挑战和不确定性，运动员需要具备强大的心理素质，能够在压力和挫败面前保持冷静、调整心态，发挥出自己的最佳水平。为了有更好的竞技表现，运动员需要不断突破自己的极限。这需要他们具备强烈的自我驱动力和决心，不断挑战自我，不断地提高自己的技能和能力。对于运动员来说，顽强拼搏可以帮助他们克服困难、提升自我。当运动员面对挑战和困难时，如果能够坚持不懈、努力奋斗，那么就有可能战胜困难，取得成功。这种精神不仅可以提高运动员的自信心，还可以促进运动员的成长和发展，提升他们在各个方面的能力和素质。在一个竞争激烈的运动比赛中，只有不断努力，才能够取得更好的成绩和更大的进步。如果每个运动员都能够发扬顽强拼搏的精神，那么运动员个人竞技水平会越来越高，运动员队伍会越来越强大。

第二章　高校立德树人

一、立德树人的内涵

立德树人是一种教育理念，其基本含义是培养有品德的人才。其中，"立德"指的是树立品德、树立德业，强调具有高尚的道德修养，成为人们学习的榜样。这不仅要在教育教学中弘扬真善美的个人道德品质，还要培养学生正确的世界观、人生观和价值观，以及加强对学生进行社会主义核心价值观教育。[①] "树人"则是指培养人才，主要指促进人成长和成才。这需要关注人的差异性特征和身心发展规律，用合适的教育来塑造人、发展人。

立德树人强调以德立人、树人以德，即立德是树人的前提和基础，树人是立德的追求和目标。在教育过程中，不仅要注重知识的传授和方法的引导，更要强调立德的重要性，以德育为先，通过正面教育来引导人、感化人、激励人。同时，也要坚持以人为本，关注学生的全面发展，通过合适的教育来塑造人、改变人、发展人。立德树人是一个长期的过程，需要教育者、学生、家庭、社会等多方面共同努力。在教育实践中，应该注重德育与智育的有机结合，以德育为先，促进学生全面发展，培养具有高尚品德和全面发展的人才。同时，也应该注重家庭教育和社会环境的影响，共同营造一个有利于人才成长的良好环境。

---

① 田保华，余孟孟，莫荣.道德课堂：立德树人的大舞台［J］.中国德育，2016（17）：37-40.

二、立德树人是高校的根本任务

立德树人是高校的根本任务，是高校的立身之本。对高校而言，落实好立德树人这一根本任务，一方面要始终坚持社会主义办学方向，围绕解决好培养什么人、怎样培养人、为谁培养人的根本问题，立足培养社会主义建设者和接班人的使命责任，教育、引导学生树立正确的世界观、人生观、价值观，肩负历史使命，坚定前进信心；另一方面要大力加强教师队伍建设，统筹研究师资队伍的素质要求、人员构成、培训体系等，不断健全师资队伍的培养、引进、使用、评价机制，引导教师坚定理想信念，自觉把党的教育方针贯彻到教学管理工作全过程，要求教师以德立身、以德立学、以德施教。

立德树人强调以德为先，培养德才兼备的人才，这符合国家和社会发展的需要，也符合学生个人成长和全面发展的需求。首先，立德树人突出了德育的重要性。德是人才的灵魂，是做人做事的根本。高校作为人才培养的重要基地，必须把德育放在首位，引导学生树立正确的世界观、人生观和价值观，增强社会责任感和使命感，成为有理想、有道德、有文化、有纪律的社会主义建设者和接班人。其次，立德树人强调以全面发展为目标。高校教育不仅要注重知识传授和技能培养，还要关注学生的全面发展和综合素质的提升。通过立德树人，高校可以帮助学生树立正确的世界观、人生观和价值观，培养良好的品德和行为习惯，提高综合素质和社会适应能力，成为具有创新精神和实践能力的高素质人才。最后，立德树人符合国家和社会发展的需要。国家和社会的发展需要人才，而人才的培养需要有良好的教育环境和完善的教育体系。立德树人作为高校的根本任务，能够为人才培养提供正确的方向和目标，促进教育改革和创新，提高教育质量和效益，为国家的可持续发展提供强有力的保障。

三、当代大学生思想道德品质培育的困境

随着经济的增长和社会的发展，部分大学生受家庭、学校、社会、个人

等因素的综合影响，在品性、道德的形成过程中，难免会出现一些问题，这些问题往往是当代大学生思想道德品质培育的困境，对大学生塑造良好的思想道德品质具有一定影响。

（一）价值观模糊

1. 当代大学生价值观模糊的表现

部分大学生缺乏明确的信仰和追求，他们对自己的人生目标缺乏清晰的认识，不知道自己想要成为什么样的人，缺乏对未来发展的规划；他们在面对人生选择时，会感到迷茫和困惑，有时会过于关注个人利益和短期目标，而忽略了更高层次的需求和更长远的发展。同时他们对社会现象的辨别能力较弱，容易被一些错误的思想和观念所影响，导致他们在面对道德选择时比较困惑，难以做出正确的决定。还有一部分大学生在价值观上可能没有问题，但在实践中却难以贯彻。他们可能缺乏将价值观转化为实际行动的勇气和决心，从而导致价值观与实践的脱节。

2. 当代大学生价值观模糊的原因

随着社会的快速发展和信息时代的到来，出现了多种价值观并存的局面。然而，这可能带来一些问题。大学生正处于价值观形成的关键时期，他们面临着来自不同文化、家庭和社会价值观的影响，容易产生价值观模糊的问题。同时，互联网的普及使得大量信息涌入大学生的学习和生活中，这些信息往往缺乏有效的筛选和过滤。此外，大学生正处于成长的阶段，他们对于自我认知和发展往往不够深入，缺乏明确的人生目标和价值追求。在面对人生选择和判断时，他们可能会感到迷茫和困惑，导致价值观模糊。

（二）道德观念淡漠

1. 当代大学生道德观念淡漠的体现

部分大学生在日常生活中缺乏社会公德，如出现乱扔垃圾、公共场所大声喧哗、不遵守交通规则等行为，这些行为显示出他们对社会公共秩序的认识有待提高。同时，在学业和社交中，一些大学生表现出诚信意识不足。此外，许多大学生将他人的关心和帮助视为理所当然，不愿意回报。他们缺乏对他人的感恩之心，这在一定程度上反映了他们道德观念淡漠。

2. 当代大学生道德观念淡漠的原因

随着社会的发展，传统的道德观念和价值观受到了挑战，这可能会给大学生的道德观念和价值观带来一定影响。此外，家庭教育和学校教育也会对学生的道德培养产生重要影响，如一些家庭在教育孩子时过于注重智力发展，而忽略了品德教育，导致孩子缺乏基本的道德素养。还有一些学校在德育教育方面缺乏足够的重视和投入，导致学生缺乏系统的道德教育和价值观的引导。

（三）缺乏社会责任感

1. 当代大学生缺乏社会责任感的体现

部分大学生对社会责任的概念和内涵缺乏深入的理解，不清楚自己在社会中应该扮演的角色和承担的责任。他们可能过于关注个人利益，忽视了对他人和社会的义务和贡献。还有部分大学生缺乏奉献精神，他们可能更关注个人的得失，而不愿意为了他人和社会的利益做出贡献。更有一部分大学生对社会问题和公共事务缺乏关注和热情。他们可能只关注自己的学习和生活，对社会的热点问题缺乏了解和思考。

2. 当代大学生缺乏社会责任感的原因

随着社会的快速发展，一些不良的社会现象可能会对大学生产生一定影响。许多大学生在校园中生活较为封闭，部分大学生可能因为缺乏社会实践机会，无法真正体验到社会责任的重要性。他们可能只是在理论层面上了解和认知，而没有真正地将社会责任融入日常生活中，这使他们对社会的认知和了解不足。

（四）利己主义突出

1. 当代大学生利己主义突出的表现

大学生关注自身发展是非常正常的现象，因为大学阶段是他们人生发展的重要阶段，需要积累知识、提升技能、塑造人格，为未来的职业生涯和社会生活做好准备。然而，过度关注自身发展可能会导致一些影响。例如，一些大学生可能过于追求个人利益和短期目标，而忽视了对他人的关爱和社会的责任。

2. 当代大学生利己主义突出的原因

随着大学生年龄的增长，他们会越来越关注自己的需求和利益，可能会以自我为中心来行事。部分大学生可能认为个人发展是自己的关注点，而不用考虑他人的利益。同时，大学生面临着激烈的就业竞争，可能会认为只有个人的发展和成功才最重要，而忽视了他人的利益。

（五）心理素质较差

1. 当代大学生心理素质较差的表现

当代大学生心理素质较差是较为普遍的现象，心理素质较差的大学生可能更容易受到情绪波动的影响，无法有效地管理自己的情绪。他们可能在面对挫折、压力或冲突时表现出过度焦虑、愤怒或沮丧的情绪，影响自己的学习和生活。同时，部分大学生缺乏自信，这类大学生可能对自己的能力和价值产生怀疑。他们可能害怕在公众场合发表自己的观点，害怕与他人交流，过度关注他人对自己的评价。还有，部分大学生可能在新环境下适应能力较差。他们可能难以应对生活中的变化，如学习、就业等方面的压力，无法快速适应新环境和新角色。此外，部分大学生面对压力和逆境时，更容易产生挫败感和无力感，他们可能无法有效地应对压力，导致出现学习成绩下降、人际关系紧张等问题。部分大学生可能在社交方面存在困难。他们缺乏与他人建立良好关系的能力，难以处理人际关系中的冲突和矛盾，导致出现社交障碍。

2. 当代大学生心理素质较差的原因

当代大学生心理素质较差的原因有多种。首先，家庭是大学生性格培养的第一道关，家庭环境对大学生的心理素质有着深远的影响，如果家庭成员之间的关系紧张、存在矛盾或者家庭氛围不和谐，会对大学生的心理素质产生一定影响。另外，父母的教育方式也可能会对大学生心理素质产生影响。其次，学校是大学生生活的重要组成部分，学校的氛围、教学质量以及师生之间的关系等都会影响大学生的心理素质。再次，当今社会对大学生的期望和要求较高，竞争激烈等因素会给大学生带来较大的心理压力，如果不能有效应对这些压力，可能会导致心理素质较差。最后，大学生个人的性格、态度、自我认知等也会影响心理素质。

（六）自我约束力不强

1. 当代大学生自我约束力不强的体现

自我约束力不强不仅影响大学生的个人成长和发展，还可能对他们的未来职业生涯和社会生活产生一定影响。第一，部分大学生缺乏明确的学习目标和动力，缺乏自律性。第二，部分大学生难以有效管理时间，缺乏合理的时间规划。第三，部分大学生存在不良的生活习惯，如熬夜、饮食不规律、缺乏运动等。这些习惯不仅影响身体健康，还可能导致大学生精神状态不佳，影响学习和生活。第四，部分大学生可能缺乏对自己行为的约束和控制，导致行为有失规范。

2. 当代大学生自我约束力不强的原因

当代大学生自我约束力不强的原因有很多，其中包括当代大学生的学习压力较大，而这种压力会影响自我控制行为。对于本身缺乏自我意识的大学生来说，其行为容易受到外界的影响，缺乏自我控制的能力。因此，外部干扰也是影响自我约束力的原因之一。

四、中华体育精神与高校立德树人的关系

（一）高校立德树人工作需要培育和践行社会主义核心价值观

高校肩负人才培养的重要责任和使命，理应成为培育社会主义核心价值

观的主阵地，必须确立社会主义核心价值观在立德树人过程中的核心地位，强化教育引导、实践养成、文化熏陶、制度保障，不断夯实中国特色社会主义的思想道德基础，着力培养担当民族复兴大任的时代新人。

立德树人是高等教育的根本任务，高校作为人才培养的重要基地，其根本任务是培养德智体美劳全面发展的社会主义建设者和接班人。立德树人强调的是德育的优先地位，注重培养学生的道德品质、人格魅力和社会责任感。可以说，社会主义核心价值观是立德树人的重要内容，社会主义核心价值观包括富强、民主、文明、和谐、自由、平等、公正、法治、爱国、敬业、诚信、友善方面。[1] 这些价值观是立德树人的重要内容，也是大学生应该积极践行的行为准则。不仅如此，践行社会主义核心价值观有助于提升大学生的综合素质，大学生践行社会主义核心价值观不仅有助于培养他们的道德品质和社会责任感，还能提升他们的综合素质，包括思想政治素质、科学文化素质、身心健康素质等。因此，应该明确立德树人和践行社会主义核心价值观相辅相成的关系，立德树人是践行社会主义核心价值观的基础和前提，而践行社会主义核心价值观则是立德树人的具体体现和深化，二者相互促进，共同推动大学生全面发展和成长成才。

（二）中华体育精神与社会主义核心价值观密不可分

党的十八大提出，倡导富强、民主、文明、和谐，倡导自由、平等、公正、法治，倡导爱国、敬业、诚信、友善，积极培育和践行社会主义核心价值观。富强、民主、文明、和谐是国家层面的价值目标，自由、平等、公正、法治是社会层面的价值取向，爱国、敬业、诚信、友善是公民个人层面的价值准则，这 24 个字是社会主义核心价值观的基本内容。[2] 中华体育精神的主要内

---

① 朱妙宽.切实加强社会主义核心价值体系建设［J］.宁夏党校学报，2013，15（3）：38-41.

② 王大同，郭朱娜，李顺.林祥谦烈士革命精神与当代核心价值观：纪念林祥谦烈士牺牲 90 周年［J］.福建党史月刊，2013（8）：15-16.

容是为国争光、无私奉献、科学求实、遵纪守法、团结协作、顽强拼搏。^① 中华体育精神的主要内容与社会主义核心价值观的主要内容是密切联系、相互呼应的。

第一，为国争光体现了社会主义核心价值观中的爱国。运动员在比赛中努力比拼，不仅是为了个人的荣誉，更是为了国家的荣誉。这种精神与社会主义核心价值观中的爱国紧密相连，弘扬了民族精神，增强了民族凝聚力。

第二，无私奉献体现了社会主义核心价值观中的敬业。运动员在训练和比赛中，常常需要付出巨大的努力，为了团队的利益而甘愿付出。这种无私奉献的精神正是社会主义核心价值观中敬业的体现。

第三，科学求实这一精神体现了社会主义核心价值观中的诚信。在体育比赛中，运动员需要遵循科学规律，通过科学的训练方法来提高自己的竞技水平，对于自己的成绩要实事求是，赢干净金牌，这种科学求实的精神与社会主义核心价值观中倡导的诚信高度契合。

第四，遵纪守法这一精神体现了社会主义核心价值观中的平等、公正、法治。运动员在比赛中需要遵守比赛规则，尊重裁判判决，这体现了对法治的尊重和遵守。这种遵纪守法的精神与社会主义核心价值观中的法治相一致。

第五，团结协作这一精神体现了社会主义核心价值观中的和谐。在团队项目中，运动员需要相互协作、密切配合才能取得好的成绩。这种团结协作的精神促进了人与人之间的和谐，符合社会主义核心价值观中倡导的和谐。

（三）如何明确中华体育精神与高校立德树人之间的关系

首先，通过回顾、梳理与借鉴中华体育精神、高校立德树人的相关理论，可以看出"体育精神""中华体育精神""立德树人""高校立德树人"等内容的内涵与外延不仅从国家政策层面还是高校工作层面都存在着密切联系。同时，深入剖析中华体育精神本身所蕴含的思政、德育元素可以凝练中华体育精神在高校立德树人中相对应的实际价值。充分挖掘中华体育精神在高校立

---

① 康晨冉 . 中华体育精神在高校思政教育中的融入 [J] . 中学政治教学参考，2023（22）：86.

德树人中的价值，探索中华体育精神所蕴含的马克思主义指导思想、中国特色社会主义共同理想、以爱国主义为核心的民族精神和以改革创新为核心的时代精神、社会主义核心价值观等，能够引入中华体育精神和高校立德树人的融合。其次，探寻中华体育精神与高校立德树人的融合点，把中华体育精神作为体育领域的行业精神融入高校立德树人，是高等教育高质量人才培养和体育强国建设的必然需求。寻找中华体育精神与高校立德树人的契合点，可揭示中华体育精神与高校立德树人的本质联系。最后，提出中华体育精神促进高校立德树人的实践路径。融入、转化、升华"三步走"可找出中华体育精神融入高校立德树人的实践途径，以实现中华体育精神对高校大学生价值观的正向引领，实现多路径确立，践行社会主义核心价值观，为提高高校立德树人工作开展的针对性和时效性提供参考与借鉴。

第三章　中华体育精神的初心——为国争光

一、为国争光在中华体育精神中的地位

为国争光指通过努力为国家赢得荣誉或为民族尊严而战，为国争光不仅仅是一个崇高的目标，也是每个公民应该承担的责任，在体育竞赛场上，特别是在国内外赛事中为国家赢得荣誉的运动员能诠释什么是为国争光，正是他们这种崇高的理想推动着中国竞技体育水平不断提升。为国争光能在中华体育精神中占有重要地位主要有以下原因：

第一，为国争光能激发集体荣誉感，为国争光体现了体育运动的集体主义精神。在中华文化中，集体主义精神一直占据着重要的地位。为国争光正是这种集体主义精神的体现，它强调个人利益服从集体利益，以国家的荣誉和民族的尊严为最高追求。在体育比赛中，为国争光的精神激励着运动员以最大的努力争取胜利，为国家和民族赢得荣誉。

第二，为国争光体现了中华体育精神的民族自豪感。中华体育精神是中华民族传统文化的重要组成部分，它承载着中华民族的自豪感和荣誉感。为国争光正是这种民族自豪感的体现，它让人们感到自己与国家、民族紧密相连，个人的荣誉与国家和民族的荣誉息息相关。在体育比赛中，当运动员为国家赢得荣誉时，他们不仅为自己赢得了荣誉，更为国家和民族赢得了荣誉。

第三，为国争光体现了中华体育精神的爱国情怀。爱国情怀是中华体育

精神的核心价值之一，为国争光正是这种价值的体现。在体育比赛中，为国争光激发了运动员的爱国情怀，让他们更加热爱自己的祖国。这种爱国情怀不仅能够激励运动员在比赛中更加努力拼搏，同时也能够增强整个民族的凝聚力和向心力。

第四，为国争光在中华体育精神中的重要地位还体现在价值观念上，爱国主义和集体主义都是普遍存在的价值观念形态。为国争光不仅在中华文化中具有重要地位，同时也能够引起世界各国人们的共鸣。在体育比赛中，当一个国家的运动员赢得荣誉时，不仅该国的人们会感到自豪和骄傲，全世界的人们也会为这种精神所感动。

因此，为国争光在中华体育精神中具有重要地位，它体现了集体主义、民族自豪感、爱国主义等多方面的因素。在高校立德树人的过程中，弘扬为国争光的精神不仅能够培养大学生的集体主义精神和爱国主义情怀，同时也能够让他们更好地理解和传承中华体育精神。

二、为国争光在体育运动中的体现

体育是综合国力的重要体现，展现了民族精神风貌。为国争光是国家和民族荣誉感和自豪感的体现，运动员在国际赛场上取得优异成绩可以为国家赢得荣誉，增强民族自信心和凝聚力。同时，为国争光能够激发全民族的集体荣誉感，让人们感到自己与国家、民族息息相关，增强社会向心力。此外，体育比赛是一项充满激情和活力的活动，能够激发人们的拼搏精神和进取心。为国争光能够激励人们积极向上、勇往直前、努力奋斗。而且，运动员在运动赛场上获得荣誉不仅能增强民族的凝聚力、自信力和向心力，还能弘扬中华文化的精神内涵，展现中华民族的精神风貌和文化底蕴，增强国际社会对中华文化的认同。从许海峰实现奥运金牌"零"的突破，到刘翔雅典奥运会110米栏夺冠，再到2008年北京奥运会申办成功，都为国家争得了光辉和荣誉。

许海峰实现奥运金牌"零"的突破

许海峰这个名字在中国体育史上留下了浓墨重彩的一笔。作为中国的射击运动员，他在 1984 年洛杉矶奥运会上实现了奥运金牌"零"的突破，那一刻，他为国家争得了荣誉。

许海峰的成长经历并非一帆风顺。他出生在一个普通家庭，从小就对射击产生了浓厚的兴趣。在体校的射击队里，他展现出过人的天赋，刻苦训练。每天，他都是第一个到达训练场，最后一个离开。无论刮风下雨，还是酷暑严寒，他都坚持训练，从不间断。他的努力没有白费，许海峰很快就在各种比赛中崭露头角。然而，真正的考验是在国际赛场上。当时，中国的射击在国际上还处于较低水平，许海峰肩负着为国争光的重任。他深知自己的责任重大，但他并没有被压力压垮，而是将其转化为动力。他更加刻苦地训练，不断调整自己的状态和心态。

1984 年洛杉矶奥运会是许海峰人生中的一次重要转折。在那次奥运会上，他顶住了巨大的压力，发挥出了自己的水平。当他完成最后一枪时，全场沸腾了。那一刻，他知道自己为国家赢得了荣誉。他站在领奖台上，眼含热泪，心中充满了自豪和喜悦。

许海峰的成功不仅仅是个人的成功，更是中国的成功。他的胜利向世界展示了中国运动员的实力和风采，他的精神也激励了无数中国人。在为国争光的过程中，许海峰展现出了坚定的信念和无私的奉献精神，他始终把国家的荣誉放在第一位。他的精神也感染了身边的人，使他们也为之动容。除了在赛场上的辉煌成就，许海峰在退役后也继续为国家的射击事业做出贡献。他担任教练和领队，培养了一批又一批优秀的射击运动员。他的经验和智慧成为中国射击队的宝贵财富，为国家的射击事业注入了新的活力和动力。

许海峰是为国争光的典范。他用自己的实际行动践行了为国争光的信念，为国家和民族赢得了荣誉。他的故事不仅仅是一段体育史上的传奇，更是一段激励人心的奋斗史。许海峰的故事告诉我们，为国争光并不是遥不可及的梦想，而是每个人都可以通过自己的努力去实现的。无论我们身处何种环境，无论我们面临何种挑战，只要我们心怀国家、心怀梦想，就有机会为国家争得荣誉。在当今社会，我们更应该铭记许海峰这样的英雄人物，学习他们为国争光的精神品质。让我们从自身做起，从小事做起，为国家的繁荣和发展贡献自己的力量。让我们携手共进，为实现中华民族伟大复兴而努力奋斗！许海峰为国争光的故事是一段奋斗和拼搏的历程，他用自己的实际行动证明了为国争光并不仅仅是一个口号，而是实实在在的行动。他的故事将永远铭记在中国体育史上，成为激励中国人的宝贵财富。

2008 年北京奥运会申办成功

2001 年 1 月 17 日，北京 2008 年奥运会申办委员会向国际奥委会递交了北京 2008 年奥运会《申办报告》。2001 年 7 月 13 日，国际奥委会第一、二次会议在莫斯科举行，会议投票决定 2008 年奥运会举办城市。北京时间晚 11 时 10 分，国际奥委会主席萨马兰奇宣布北京获得 2008 年奥运会举办权。北京奥运会申办成功是为国争光的重要标志。这一成功不仅彰显了中国的综合国力，还展现了中国在国际舞台上的地位和影响力。

自改革开放以来，中国经济保持高速增长，社会各个领域都获得了巨大进步。中国已经成为世界上最具活力的国家之一，国际地位和影响力不断提升。作为世界上人口众多的国家，中国的发展为世界各国提供了广阔的市场和机遇。可以说，北京奥运会申办成功是中国经济和社会发展的必然结果，也是中国在国际舞台上发挥更大作用的标志。当然，北京奥运会申办成功不仅是经济实力的彰显，也为展示中国优秀文化提供了重要平台。中国拥有悠久的历史和灿烂的文化，中国文明是世界上最古老的文明之一。北京作为中国的首都和历史文化名城，拥有丰富的文化遗产和独特的城市风貌。通过举办奥运会，中国向世界展示了博大精深的中华文化，让世界更加了解和认识中国。同时，奥运会也为中华文化的传承和发展提供了重要的机遇和平台。

同时，北京奥运会申办成功有利于推动中国体育事业的发展。中国一直高度重视体育事业的发展，将其作为国家发展的重要组成部分。北京奥运会申办成功为中国体育事业的发展提供了难得的机遇和动力。通过举办奥运会，中国在体育基础设施建设、人才培养、赛事组织等方面取得了进步，为今后举办更多国际赛事奠定了坚实的基础。同样重要的是，北京奥运会申办成功为中国赢得了国际尊重和声誉。奥运会是世界上最具影响力和权威性的体育赛事之一，能够举办奥运会是国家荣誉的象征。北京奥运会申办成功标志着中国在国际社会中赢得了尊重和声誉。这不仅提升了中国的国际形象，也为中国的发展赢得了更多的国际支持和认可。通过举办奥运会，中国向世界展示了开放、包容的形象，进一步巩固了与世界各国的友好关系。

北京奥运会申办成功为奥林匹克运动的发展注入了新的动力和活力。奥林匹克运动旨在促进世界各国之间相互了解。通过北京奥运会的举办，奥林匹克精神得到了更广泛的传播和弘扬，进一步促进了世界各国之间的交流与合作。因此，北京奥运会申办成功是为国争光的重要标志。北京奥运会申办成功为中国的经济和社会发展、优秀文化展示、体育事业发展、国际声誉提升以及奥林匹克运动的发展都带来了巨大的机遇和动力。通过北京奥运会的举办，中国向世界展示了开放、包容的形象，进一步巩固了与世界各国的友好关系，为世界的和平与发展做出了积极贡献。

三、为国争光在大学生理想信念塑造中的作用

2022年北京冬奥会开幕式上，一位作为护旗手的中国军人在升旗行注目礼时眼泪滑落脸庞的照片让无数中国人为之动容。开幕式后这位人民解放军战士依然激动不已，他说，我站在奥运会的升旗台，心中满满的自豪感，想到祖国如今的繁荣昌盛是多么来之不易，那是一种说不出的骄傲与热爱，泪水就夺眶而出了……[①] 这是这位解放军战士第一次接触挂旗，为了达到标准，

① 陈伟军，孟宇.微信公众号竖屏新闻的分行叙事 [J].新闻与写作，2022（11）：109-112.

他进行了长达 3 个月的训练，他每天至少挂旗 100 多次，通过反复的训练，用时从原来的 1 分 30 秒到后来的 35 秒，这样的经历让他永生难忘。众所周知，举办一场奥运会开幕式是无比艰巨的一项任务，而升国旗只是众多环节中的一部分，就是这样短短的 35 秒，却体现出了崇高的爱国主义情怀。可以说，这位解放军战士为国争光的事迹值得所有大学生学习。

"以立德树人为根本任务，以为党育人、为国育才为根本目标，以服务中华民族伟大复兴为重要使命"[1]"培养什么人、怎样培养人、为谁培养人是教育的根本问题，也是建设教育强国的核心课题"[2]。在深入贯彻落实立德树人这一根本任务的过程中，培养具有爱国主义精神、拥有为国争光信念的大学生是做好新时代教育工作的首要工作。

（一）为什么要培养大学生为国争光精神

1. 增强国家凝聚力和民族自豪感

国家凝聚力是一个国家稳定和繁荣的基础。一个团结、和谐的社会更有利于大学生的成长和发展。通过增强国家凝聚力，大学生可以更好地认识到自己作为国家未来建设者的责任和使命，从而更加积极地投身于国家的建设中。民族自豪感是激发大学生爱国热情和集体荣誉感的重要因素。一个对自己民族文化感到自豪的人，更有可能为社会做出积极的贡献。通过培养民族自豪感，大学生可以更加深入地了解文化传承，增强对国家和民族的认同感，从而更加自觉地维护国家和民族利益。

2. 培养大学生的责任感和担当精神

责任感和担当精神是个人成长的重要标志，它们促使大学生在面对困难和挑战时能够积极应对，提升解决问题的能力，从而更好地实现个人价值。通过培养责任感和担当精神，大学生能够意识到自己在社会中的责任和义务，

---

① 姜维.体育教育专业乒乓球普修课课程思政实施路径研究［J］.贵州师范学院学报，2023，39（10）：42-47.

② 王勇.奋力书写教育强国建设的高校答卷［J］.红旗文稿，2023（18）：37-39.

积极参与社会公益事业，为社会的发展和进步做出贡献。同时，培养大学生责任感和担当精神更容易使他们赢得他人的信任和尊重，与他人建立良好的人际关系，为自己的未来发展打下坚实的基础。

3.推动科技进步和社会发展

历史上有许多为国家赢得荣誉的科学家、艺术家，他们的工作成果不仅增强了国家的实力，也推动了人类社会的进步。培养大学生的为国争光精神，可以激发大学生的责任感和使命感，促使他们更加关注国家和社会的需求。同时可以促使大学生更加努力学习和掌握先进的科学技术，不断提高自身的科技素质和能力，鼓励他们积极投身于科学研究、艺术创作和社会服务中，为国家的科技进步和社会发展做出贡献。

4.为国家的发展储备人才资源

国家人才储备是国家长期发展的关键因素之一，一个国家的人才储备越丰富，其经济、科技、文化等方面的发展潜力就越大。为国争光的人才不仅在竞技场上展现出卓越的实力，更在日常生活中通过自身的努力和奋斗，为国家的发展做出了重要的贡献。为国争光的人才往往是国家各个领域中不可或缺的人才。拥有为国争光精神的大学生，在未来的工作中更有可能为国家的发展做出贡献。他们在各个领域的杰出表现和创新能力将成为国家发展的重要动力。

5.为国家树立良好形象

在国际舞台上，大学生的表现直接关系到国家的形象和声誉。大学生应该具备良好的道德品质，如诚实守信、尊重他人、关心社会等。他们应该遵守社会公德，保持良好的行为习惯，积极参与公益活动，为社会做出贡献。同时，他们还应具备良好的语言和跨文化交际能力，能够流利地使用外语，了解不同文化背景下的礼仪和习俗。更重要的是，有着为国争光精神的大学生群体能够依靠他们的综合素质、优良品质为国家树立积极、正面的形象，提升国家在国际社会中的地位和影响力。

（二）如何在高校体育中培养大学生的为国争光精神

高校体育不论从体育课堂还是课外活动、体育竞赛中都能挖掘出大量的思政元素，特别是为国争光精神和爱国情怀。在体育运动中培养大学生的为国争光精神，可以从以下几个方面入手：

1. 强化爱国主义教育

在体育教学中，教师应该注重强化爱国主义教育，引导学生树立国家利益至上的观念，让学生深刻理解为国争光的意义和价值。可以通过组织学生观看国际比赛、学习优秀运动员的事迹等方式，激发学生的爱国情怀和民族自豪感。在日常的体育教学中，教师应该注重爱国主义教育，可以讲解中国体育健儿在国内外赛场上的优秀表现，激发学生的民族自豪感和爱国情怀。

2. 培养竞技体育精神

竞技体育精神是培养为国争光精神的重要途径。在体育教学中，教师应该注重培养学生的竞技体育精神，包括拼搏精神、团队合作精神、纪律意识等。可以通过组织各种形式的体育比赛和活动，让学生在竞技中锻炼自己的意志和团队协作能力，增强为国争光的意识。

3. 弘扬中华体育精神

中华体育精神是中华民族优秀传统文化的重要组成部分，也是为国争光精神的重要源泉。[①] 在体育教学中，教师应该注重弘扬中华体育精神，让学生学习中华体育的辉煌历史和杰出人物，学习中华体育的优良传统和作风，从而增强学生的民族自豪感和为国争光的决心。中国的传统体育项目武术、太极等不仅能强身健体，还蕴含着丰富的文化内涵。通过学习这些传统体育项目，可以弘扬中华体育精神，增强学生的文化自信。

4. 树立榜样作用，讲好爱国事迹

学校可以邀请一些优秀的退役运动员、教练员等来校，以开展讲座或分

---

① 张艺艺.中华体育精神在现代体育中的传承与发展研究［J］.冰雪体育创新研究，2023（15）：24-26.

享会的形式讲述他们的经验和故事，以他们为国争光的实际经历激励学生。让榜样人物亲自分享他们的经历和感受，这样可以更直接地影响大学生，激发他们的爱国情怀和奋斗精神。与此同时，体育教师作为引导学生的关键角色，应该具备良好的专业素养和道德品质，要以身作则，为学生树立榜样，从言行举止上影响学生、感染学生，促进大学生为国争光精神的形成。

5. 拓宽国际视野

在体育教学中，教师应该注重拓宽学生的国际视野，让学生了解世界各国的体育文化和传统，学习国际体育规则和礼仪，培养学生的跨文化交际能力。与此同时，教师应该客观看待中国体育文化与他国体育文化的异同，找准我国体育文化优势，充分树立体育文化自信，带领学生参与国际体育比赛和交流活动，让学生更好地展示国家的文化和实力，为国争光。

6. 完善激励机制

为了更好地激发学生的为国争光精神，高校应该完善相应的激励机制，从物质和精神双层面奖励那些为国争光的优秀学生。例如，可以设立为国争光奖学金、组织表彰大会等，对在体育领域取得优异成绩的学生进行表彰和奖励，鼓励更多的学生积极投身于为国争光事业，也可以通过设立奖学金、开展优秀学生评选等活动，表彰那些在体育学习、科研、社会实践等方面有突出表现、为国争光的学生。

第四章 中华体育精神的灵魂——无私奉献

一、无私奉献在中华体育精神中的地位

中华体育精神中的无私奉献指的是一种淡泊名利、甘于奉献的精神状态，它体现在运动员为了国家荣誉甘愿付出，包括个人的时间、精力等。这种精神在体育比赛中得到了充分践行，运动员们在赛场上奋力拼搏，为了团队和国家的荣誉而不断努力。无私奉献是中华体育精神的灵魂，也是中国体育事业发展过程中有如此之多前赴后继的奋进者、开拓者的原因。

第一，无私奉献是中华体育精神的核心价值体现，中华体育精神强调为国争光、团结协作、顽强拼搏等方面，这些都是与国家、民族、社会紧密相关的精神。在这些精神的背后，需要有一种内在的动力和信念来支撑，而这种动力和信念就来自无私奉献。

第二，我国体育事业的性质决定了无私奉献必然存在，体育事业是一项需要长期投入的事业。在这其中，没有捷径可走，没有一蹴而就的成功。只有通过不懈努力、不断坚持，才能够取得成绩，而这种坚持和努力，正是无私奉献的体现。

第三，无私奉献是中国优秀运动员必备的品质，一个优秀的运动员，不仅需要具备体育技能，更需要具备高尚的品质。无私奉献是优秀运动员必备的品质之一。

第四，无私奉献是中华文化的传承，中华文化一直强调仁爱等价值观念，这些观念已经深入人心。体育作为社会文化的重要组成部分，自然也会传承

这些价值观念。体育事业的传承和发展可以进一步弘扬中华文化，推动社会进步。

第五，无私奉献是塑造中华体育健儿良好形象的关键，无私奉献是中华民族的传统美德之一，它体现了中华民族的优秀品质和精神风貌。在体育领域中，无私奉献精神能够塑造良好的运动员、教练员、裁判员等形象，增强人们对体育事业的认同感。

二、无私奉献在体育运动中的体现

无私奉献与顽强拼搏有所区别，它不属于直接作用于体育运动的精神特质，而是间接地、潜移默化地影响着运动员、运动团队的发展。首先，在训练过程中，无私奉献表现为运动员对自己的严格要求和对团队的高度责任感。他们愿意为了团队和国家的荣誉，投入大量的时间和精力进行艰苦的训练。他们不计个人得失，为了团队的整体利益而努力奋斗。他们相互支持、鼓励，共同进步，体现了团队协作和集体荣誉感。其次，在比赛中，无私奉献表现为运动员为了团队的胜利而拼搏奋斗的精神。他们不畏对手、敢于挑战、勇于奋斗。他们的拼搏精神和奋斗精神激励着整个团队不断前行。同时，在体育运动中，无私奉献还表现为运动员对体育事业的热爱和坚守。他们视体育为一项崇高的事业，愿意为之奉献。他们用自己的努力和拼搏，推动着体育事业的不断发展，为国争光，为人民造福。

为中国体育默默耕耘的教练员

中国体育界有无数默默耕耘、无私奉献的老教练。他们中的有些人曾经在国家队、职业队执教，之后选择转向基层，或深耕青训，或扎根校园，或推广全民健身，为体育运动项目的发展继续奉献着自己的光和热。

70多岁的足球教练徐根宝，经历了中国足球发展的很多阶段，他的奉献并不仅仅局限于他的球员时代。在退役后，他选择了一条不同的道路，成为一名足球教练。在教练生涯中，他为中国足球做出了更为卓越的贡献。徐根宝于 2000 年在上海崇明岛搭建起了足球青训基地，这个基地成了中国足球青训的重要摇篮之一。在过去的 20 多年里，这个基地培养出了无数优秀的足球青年才俊，其中很多球员已经成为中国足球的中坚力量，有的还效力于中超联赛。这些球员的涌现不仅提高了中国足球的整体水平，也为中国足球在国际比赛中的表现带来了希望。徐根宝在青训基地的建设和运营中，投入了大量的心血和精力。他不仅关注球员的训练和比赛，还注重球员的文化教育和综合素质培养。他始终坚持以人为本的理念，把球员的成长和发展放在首位。他的无私奉献和执着追求的精神，让徐根宝成为中国足球青训的楷模和榜样。

陆元盛执教国家队期间，曾培养出丁松、王楠、张怡宁等乒乓球国手，持续为中国乒乓球事业贡献自己的力量。他尽心地辅导年轻队员，培养出了王楠、张怡宁等奥运冠军。同时，他还关注着国内外大大小小的比赛，为年轻选手的成长提供了宝贵的建议和指导。陆元盛的奉献并不仅仅局限于教练岗位。他积极参与各种乒乓球推广活动，希望让更多的人感受到乒乓球运动的快乐。他随身携带乒乓球，无论何时何地都能随时随地操练起来，这种对乒乓球的热爱和执着，让人深受感动。

辛庆山在 20 世纪 80 年代就开始执教短道速滑队，他带领中国短道速滑队完成了从弱到强的转变。在他的执教下，中国短道速滑队逐渐崭露头角，成为世界短道速滑舞台上的重要力量。辛庆山培养出了众多优秀的短道速滑运动员，其中包括李琰、杨扬、李佳军等世界冠军。这些运动员不仅在国际赛场上取得了优异的成绩，也为中国短道速滑事业的发展做出了卓越的贡献。辛庆山始终坚持培养优秀运动员的目标，他的付出和努力为中国短道速滑队注入了新的活力和希望。此外，辛庆山在退役后并没有离开短道速滑事业，他回到基层培养后备人才，继续为中国短道速滑贡献自己的力量。他的无私奉献和执着追求让更多的人看到了中国短道速滑的希望和未来。

张晓石在运动员时期凭借出色的击剑技术和战术，在国内外比赛中屡获佳绩，为中国击剑赢得了荣誉。然而，张晓石的贡献并不仅仅局限于他的运动员生涯。退役后，他选择成为一名教练，继续为中国击剑事业贡献自己的力量。作为教练，他培养出了王海滨、叶冲、董兆致等优秀击剑运动员。张晓石在执教期间，不仅注重运动员的技术训练，还十分注重运动员的心理素质和品质的培养。此外，张晓石还积极参与击剑运动的普及和推广工作。他深入基层，开展击剑普及活动，让更多的人了解和参与到这项运动中来。他的努力不仅为中国击剑培养了更多的后备人才，也推动了击剑运动在中国的普及和发展。张晓石为中国击剑事业做出了卓越的贡献，他的付出和努力为中国击剑赢得了荣誉。

三、无私奉献在大学生优秀品质发展中的作用

在庆祝中国共产党成立 95 周年大会上，习近平总书记指出："全国广大青年要深刻了解近代以来中国人民和中华民族不懈奋斗的光荣历史和伟大历程，坚定不移跟着中国共产党走，勇做走在时代前列的奋进者、开拓者、奉献者，让青春在为祖国、为人民、为民族的奉献中焕发出绚丽光彩！"[①] 我国大学生应该将"艰苦奋斗、无私奉献"树立为自己的理想信念，以人民立场为根基，脚踏实地、求真务实、甘于奉献，在担当中经受锻炼、增长才干。这需要大学生无私奉献、埋头苦干，扎根中国大地了解国情、民情，将青春融入对祖国的奉献中，在无私奉献中锤炼意志、品质，在为人民服务中实现人生价值。

（一）为什么要培养大学生无私奉献精神

1. 提升个人道德水平，促进心理健康

无私奉献精神是个人道德水平的体现，通过培养这种精神，大学生能够提升自己的道德观念，更好地处理人际关系，提高自我修养。通过提升道德水平，大学生能够形成健全的人格，具备良好的道德品质和行为习惯，这将有助于他们在是非面前坚守道德底线，做出正确的道德选择。同时，无私奉

---

① 人民网. 让青春在奉献中焕发绚丽光彩 [EB/OL].（2021-07-15）[2023-11-20]. http://nx.people.com.cn/n2/2021/0715/c401861-34821794.html.

献能够让大学生感受到内心的满足和宁静。帮助他人能够给自己带来快乐，被帮助者的反馈也会让他们从心理上获得满足。

2. 增强团队合作力，增强社会凝聚力

大学生是未来的建设者，当越来越多的人，尤其是大学生这一群体具有无私奉献精神时，在团队工作中，无私奉献精神有助于成员间互助合作，共同为团队的目标努力。具有这种精神的大学生能够在团队中发挥更大的作用，促进团队的和谐与进步。同时，整个社会的凝聚力会得到增强，人们会更加团结，共同为社会的发展努力。并且，无私奉献的大学生展现出的高尚品质和精神风貌也提升了整个社会的道德水平。他们的行为成为社会道德风尚的标杆，引导人们追求真善美。这种道德力量的传播使得社会成员在精神更加凝聚和统一。

3. 塑造积极价值观，传递正能量

无私奉献精神能够帮助大学生塑造积极的人生观和价值观，使他们更加珍惜生活、乐于助人、传播正能量，使社会变得更加美好。无私奉献精神是一种积极向上的力量，能够感染和影响身边的人。当大学生具备这种精神时，他们会成为正能量的传播者，为周围的人树立良好的榜样。无私奉献的人通过自己的行动为社会树立了榜样，他们的行为激发了其他人的积极性。当看到他人为了集体利益而付出时，人们会受到感染，愿意为社会贡献自己的力量。这种正能量的传播，使得社会成员更加团结和凝聚。

4. 培养社会责任感，促进社会进步

无私奉献精神能够促进大学生培养社会责任感。他们会更加关注社会问题，关心他人的需要，并尽自己所能去满足这些需求。无私奉献的人所从事的活动往往与社会发展和人民福祉密切相关。他们通过自己的努力解决了社会中的一些问题，提高了社会福利水平。这种实际的贡献让人们感受到社会的温暖和进步，从而增强了人们对社会的认同感和归属感。这种奉献行为也是推动社会进步的重要动力，大学生拥有了这种精神，他们会积极参与公益事业，为社会的进步和发展做出贡献。大学生乐于奉献有助于营造健康、和谐的社会氛围。在这种氛围中，人们更加愿意相互支持、相互帮助，共同推动社会的进步和发展。

（二）如何在高校体育中培养大学生的无私奉献精神

无私奉献精神具有强大的感染力和影响力，能够激发人们的积极性和参与感，提升社会道德水平，传播正能量和积极向上的价值观。高校体育在培养大学生无私奉献精神方面具有独特的作用。通过组织相关活动，加强师生在体育服务、体育公益中的参与，注重培养乐于助人、乐于奉献的高尚品德，能够有效培养大学生无私奉献的精神。

1. 加强体育志愿服务

在高校体育活动中，可以设立一些志愿服务岗位，如赛事组织、场地维护、器材管理等，鼓励大学生积极参与志愿服务，为活动的顺利进行贡献自己的力量。大学青年志愿者协会可以与周边社区合作，为社区居民提供体育指导服务。大学生可以担任志愿者教练，教授社区居民一些基本的体育技能和健身方法，提高他们的体育素养。通过志愿服务，大学生可以深刻体会到无私奉献的价值和意义。

2. 组织体育公益活动

高校可以定期组织一些与体育相关的公益活动，如义务教练、健康知识普及、体育设施进社区、健康知识宣传、体育支教等，可以特别关注特殊群体，为他们提供适合的体育公益服务和活动。大学生可以担任组织者或志愿者，为这些公益活动的成功举办贡献力量。应让大学生参与到这些公益活动中，为社会和他人做出贡献，培养他们的社会责任感和无私奉献精神。

3. 注重体育教师的榜样作用

榜样力量不容忽视，体育教师在高校体育中扮演着重要的角色，他们应该以身作则，展现出无私奉献的精神，成为大学生的榜样。体育教师应该通过自己的行动来展现无私奉献的品质，如利用课余时间自发组织学校的教工篮球队，为他们进行训练和指导。这不仅能提高教工篮球队水平、培养教工锻炼习惯，也是通过言传身教激发大学生对无私奉献精神的认同。

4.加强道德教育和价值观引导

在体育教育中应融入道德教育和价值观引导，让大学生明确认识到无私奉献精神的重要性。课堂讲解、案例分析、小组讨论等方式可引导大学生树立正确的价值观和道德观。[①]比如，在体育课堂上可以通过讲好老一辈体育工作者的故事、研究优秀运动员体育事业案例、组织大学生讨论如何在我国体育事业发展过程中贡献自身力量等，应采用多种教学方法、模拟各类教学情境，全面加强对大学生的道德教育和价值引导。

---

① 高大伟，王春霞，王丽丽，等.思政教育在"织物结构与设计"课程中的实践与探索[J].山东纺织经济，2023，40（7）：45-48.

第五章 中华体育精神的理念——科学求实

一、科学求实在中华体育精神中的地位

科学求实是中华体育精神的核心要素之一，它体现了对客观规律的尊重和对真理的追求。体育是科学求实的事业，在开展体育活动时，一定要讲求科学性，做到运动负荷适宜、循序渐进、持之以恒、因人而异。在体育领域中，科学求实意味着要不断探索和掌握运动训练的客观规律，以科学的态度和方法来指导和推进体育事业的发展。

（一）科学求实是运动训练的基础

科学求实要求我们以客观的态度和科学的方法来看待运动训练。首先，通过对人体生理、心理等方面的深入研究，我们可以更全面地了解运动员的身心状态，从而制定出更加科学的训练计划。其次，科学求实有助于避免盲目性和经验主义。在现代运动训练中，我们已经掌握了许多科学知识和技术手段，如生物力学、运动生理学、运动心理学等。这些科学知识和技术手段可以帮助我们更加准确地评估运动员的技术水平、体能状况和心理状态，从而制定出更加个性化的训练方案。最后，科学求实有助于提高运动训练的效果和质量。通过科学的方法和技术手段，我们可以更加准确地评估运动员的训练效果和质量，从而及时调整训练计划和方法，提高训练效果和质量。

（二）科学求实是体育科研的基石

科学求实要求人们在研究过程中保持客观、冷静和理性。体育科学研究

涉及生理、心理、生物力学等多个方面，这些变化非常复杂，需要我们以客观的态度去观察、分析和记录。同时，科学研究还需要遵循严格的实验设计和操作流程，确保数据的准确性和可靠性。科学求实的核心是尊重事实、追求真理。在体育科研中，人们需要以事实为基础，通过反复的实验和验证，揭示体育现象的本质和规律。同时，人们还需要不断挑战传统观念，勇于提出新的观点和见解，推动体育科学的进步和发展。科学求实的方法是体育科研的重要手段。科学研究需要运用多种方法和技术手段，包括实验法、观察法、调查法等。这些方法和技术手段的运用需要遵循科学的原则和标准，确保研究的科学性和严谨性。并且，人们还需要不断探索新的方法和技术手段，提高研究的效率和准确性。

（三）科学求实是体育事业发展的前提

首先，科学求实要求我们在发展体育事业时，要以科学的理论和方法为指导，遵循科学的原则和规律。这包括了解人体生理和心理的规律，掌握运动技术和战术的原理，探究体育产业发展的趋势和规律等。只有在科学理论的指导下，才能制定出符合实际的、科学的政策，推动体育事业的科学发展。同时，科学求实要求人们要实事求是，尊重客观事实和数据。在体育事业发展中，要注重收集和分析数据，用数据来评估和监测体育工作的效果和效益。其次，也要尊重客观规律，不盲目追求短期成绩和利益，避免过度竞争和资源浪费。只有在科学求实的基础上，才能实现体育事业的持续健康发展。最后，科学求实要求人们要保持批判性和创新性。在体育事业发展中，要敢于提出质疑，勇于尝试新的思路和方法。同时，也要注重科学的批判和创新，不断探索新的理论和实践，推动体育事业的不断进步和发展。

二、科学求实在体育运动中的体现

科学的训练方法是提高运动成绩的关键。通过科学的训练方法，运动员可以更有效地提高体能、技术和战术水平，从而在比赛中获得更好的成绩。[①]
首先，这需要教练和运动员对运动生理学、运动心理学、生物力学等方面的
知识进行深入了解和应用。其次，科学技术在体育器材和装备方面也发挥了
重要作用。随着科技的不断发展，各种高科技的运动器材和装备不断涌现，
如智能跑鞋、智能运动衣等，这些器材和装备通过传感器等技术，能够实时
监测运动员的身体状况、运动状态等信息，为运动员提供更加精准的训练和
比赛指导。最后，科学求实在体育比赛中也得到了广泛应用。比如，在比赛
中使用的计时、计分、录像等技术手段，能够准确记录运动员的成绩和比赛
过程，为比赛结果的公正性和准确性提供了保障。同时，科学的方法也广泛
应用于运动员选材和伤病预防等方面，有助于发掘优秀运动员的潜力和延长
运动员的职业生涯。

即时回放系统——体育赛场上的"鹰眼"

随着科技的不断发展，即时回放系统在体育竞赛中的应用越来越广泛。
这种技术通过高清摄像头、图像处理技术和高速数据传输等手段，将比赛中
的精彩瞬间实时呈现给观众，使得观众能够更加深入地了解比赛的细节和精
彩之处。即时回放系统是一种利用现代科技手段将比赛中的关键瞬间进行实
时捕捉、处理和传输的系统。该系统主要由高清摄像头、图像处理设备、数
据传输设备和显示设备等组成。这一过程通过高清摄像头捕捉比赛画面，图
像处理设备对画面进行处理和优化，再通过数据传输设备将处理后的画面传
输到显示设备上，最终呈现给观众。即时回放系统的发展历程可以追溯到20
世纪90年代，当时主要应用于电视转播领域。随着科技的进步和成本的降低，
该系统逐渐应用于体育竞赛领域，成为现代体育比赛中不可或缺的一部分。
即时回放系统在体育竞赛中的应用领域广泛，主要包括：

---

① 木拉提别克·胡拉木斯，芦忠文．民族体育传承与创新：全民健身发展的路径分析［J］．
文体用品与科技，2024（1）：25-27.

精彩瞬间回放

在体育竞赛中，即时回放系统可以将比赛中的精彩瞬间实时呈现给观众，如进球、关键比赛时刻等。这种回放方式可以让观众更加深入地了解比赛的细节和精彩之处，提升观众的观赏体验。

判罚依据

在一些需要精确判罚的比赛中，如足球、篮球等，即时回放系统可以为裁判提供准确的判罚依据。当比赛中出现判罚争议时，裁判可以通过观看回放来确认判罚的准确性，确保比赛的公正性和公平性。

战术分析

即时回放系统还可以为教练和球员提供战术分析的依据。教练可以通过回放系统来分析对手的战术特点和球员的表现，从而调整自己的战术和对球员的配置。球员也可以通过回放系统来反思自己的表现，找出自己的不足和需要改进的地方。

即时回放系统的优点在体育领域中得以充分体现，首先，它可以提升观众观赏体验，即时回放系统可以将比赛中的精彩瞬间实时呈现给观众，让观众更加深入地了解比赛的细节和精彩之处。其次，它可以提供战术分析依据，即时回放系统可以为教练和运动员提供战术分析的依据，帮助他们更好地制定战术和调整人员配置。而最重要的是，即时回放系统就如盘旋在赛场上的一只雄鹰，协助裁判员准确地判定一些视野模糊的情况，以确保判罚准确。比如，判决球是否落入界内，即时回放系统通过高速摄像机和计算机图像处理技术能够准确地追踪球的轨迹，并精确判定球是否击中线或越过线界。这种判定方式准确性极高，误差在毫米级别，大大减少了误判和产生争议的可能性。又如，即时回放系统可以向裁判员提供球的轨迹和落点的虚拟重现图像，帮助裁判员更准确地判断比赛中的各种情况，如是否触网、是否越线等。这大大减少了裁判员主观判断的影响，提高了比赛的公正性和准确性。总的来说，即时回放系统通过其高度的准确性和便利性，为体育赛事的公正性和准确性提供了坚实的保障，同时也为观众和运动员带来了更好的观赛和参赛体验。

不同运动技术的科学化演变

蹲踞式起跑的产生和发展史可以追溯到 19 世纪末。1887 年，美国田径教练玛尔菲（Malfoy）从袋鼠后腿弯曲向前跃动的姿势中得到启发，发明了蹲踞式起跑，并让他的学生沙里（Schary）在比赛中使用，然而这项技术并未得到广泛的接受和发展。[①] 直到 1896 年的第一届现代奥林匹克运动会，一个年轻的美国运动员布克（Booker）采用了蹲踞式起跑，并取得了极大的成功，赢得了冠军，从而使这项技能得到了快速、全面的推广。此外，1896 年雅典奥运会上，美国田径运动员托马斯·伯克（Thomas Burke）也使用了近似蹲踞式的起跑方法，以 12 秒整的成绩夺得 100 米跑冠军。他的成功同样使田径界在短跑比赛中开始普遍采用蹲踞式的起跑方法。随着科技的进步和体育研究的深入，起跑器的出现进一步提升了起跑的速度。起跑器在 1927 年出现，并在 1936 年第十一届奥运会上正式采用。蹲踞式起跑在短跑项目中特别受欢迎，因为它可以在瞬间提升速度，更快获得加速度，从而在短时间把速度提到最高。这种起跑姿势在中长距离的比赛中并不常见，通常站立式起跑更为适用。

背越式跳高的发展史可以追溯到 1968 年，当时美国运动员福斯贝里（Fosbury）在第十九届奥运会上首次采用了与众不同的弧线助跑、背向横杆的背越式技术，并以 2.24 米的成绩一举夺得男子跳高冠军。他的这一创新技术迅速在全球范围内流行开来。在福斯贝里之前，跳高的技术经历了多次变革。1839 年，加拿大运动员沃弗兰德（Wofrand）使用"屈膝纵跳"的方式跳过了 1.69 米的高度。1864 年，英国运动员何奇（HeQi）首先采用"跨越式"跳过了 1.70 米的高度。1887 年，美国运动员培基（Pegyi）使用这种姿势跳过了 1.93

[①] 苏更林. 袋鼠与现代起跑方式 [J]. 农村青少年科学探究，2013（4）：20.

米的高度。随着时间的推移，跳高的技术不断提升。1895 年，美国运动员斯维尼（Sweeney）采用了"波浪式"的新技术（后来称为"剪式"），跳过了 1.97 米的高度，这个纪录保持了 17 年。1912 年，美国运动员霍林（Hollin）使用独创的"滚式"技术跳过了 2.01 米的高度，成为世界上第一个跳高突破 2 米大关的人。在背越式跳高出现之前，苏联运动员伏洛佐夫（Volozov）在 1923 年采用了当时称为"骑竿式"的跳高姿势（后来称为"俯卧式"）。[①] 这一技术在一段时间内成为主流。然而，随着福斯贝里在 1968 年奥运会上的突破性表现，背越式跳高逐渐成为全球最流行的跳高技术。1973 年，美国运动员斯通斯（Stones）以 2.30 米的成绩创造了世界纪录。此后，除苏联运动员雅辛科（Jacinko）曾使用俯卧式跳高技术创造过 2.33 和 2.34 米的世界纪录外，其他纪录都是由背越式跳高运动员创造的。我国优秀跳高运动员朱建华也使用背越式技术，他连破三次世界纪录，将世界纪录提高到 2.39 米。目前，男子跳高的世界纪录是古巴运动员索托马约尔（Sotomayor）在 1993 年创造的 2.45 米。总之，背越式技术自 1968 年福斯贝里采用以来，已经成为全球跳高比赛中最主流的技术，并持续推动着跳高运动的进步和发展。

电子计时系统：从 0.2 秒到百万分之一秒

在电子计时系统出现之前，比赛的计时主要依赖于秒表和裁判员的判断。这种计时方式不仅精度低，而且容易受到人为因素的影响，难以保证比赛的公正性。从 1896 年雅典奥运会开始，秒表就用来确定获胜者的时间，但只能计时到 0.2 秒。随着科技的飞速发展，电子计时系统已成为现代运动赛场不可或缺的一部分。从最初的简单秒表到现在的高速摄像技术和光电计时器，电子计时系统的发展不仅极大地提高了比赛的公正性和准确性，也为运动员和观众带来了更好的观赏体验。

---

① 曾文斌. 第十一届全运会男子跳高运动员助跑与起跳技术的运动学分析 [D]. 太原：山西大学，2014.

1912 年，斯德哥尔摩奥运会首次使用了电子计时系统，该装置由瑞典工程师发明。计时器由发令员的手枪射击开始，并由分配给每个选手的计时员手动停止。该系统还包括一张冠军冲过终点线时的照片。1932 年洛杉矶奥运会，高精度计时码表在计时方面迈出了下一步，它同时对终点线进行拍照，并将时间印在每一帧上。1948 年奥运会引入了另一项创新，即连续狭缝相机，这是今天所有田径计时系统的基础。四年后，时间被连接到狭缝相机上，使其分辨率达到百分之一秒，尽管直到 1972 年，官方时间才被记录到百分之一秒。2012 年伦敦奥运会引入了量子计时器，能够测量到百万分之一秒的精度。

电子计时系统的发展对运动赛场产生了深远的影响。首先，电子计时系统提高了比赛的公正性和准确性，减少了人为因素的干扰。其次，电子计时系统为运动员和观众带来了更好的比赛体验，使得比赛的观赏性和竞技性得到了进一步提升。最后，电子计时系统还为运动员的技术分析和训练提供了有力支持，推动了技术的不断发展和创新。随着科技的不断进步，未来电子计时系统将继续朝着更高精度、更智能化、更便捷的方向发展。例如，未来的电子计时系统可能会采用更加先进的传感器和算法，实现对运动员动作的精确捕捉和分析。同时，随着物联网和大数据技术的发展，未来的电子计时系统还可以实现与其他智能设备的连接和数据共享，为运动员和教练员提供更加全面和深入的比赛信息和分析结果。

三、科学求实在大学生态度养成中的作用

科学求实是一种严谨、客观、实践和创新的态度和方法。它要求大学生在学习和生活中保持诚信和独立思考，追求知识的真实性。同时，它也培养大学生的批判性思维、问题解决能力、团队合作和沟通能力等重要素质，为他们的未来发展奠定坚实的基础。

（一）为什么要培养大学生科学求实精神

1. 培养批判性思维

首先，科学求实要求大学生以客观、实事求是的态度看待问题，不盲目接受既有观点或信息，而是通过独立思考来判断其真实性和合理性。这种思维方式有助于大学生在学术研究和日常生活中形成独立的见解和判断。随着经济全球化的发展，大学生需要具备筛选、辨别和评价各种信息的能力。批判性思维能够帮助他们理性地分析问题，从而做出明智的决策。同时，在面对问题时，批判性思维鼓励大学生从多个角度进行思考，不拘泥于传统的解决方案，从而激发新的想法。这对于未来的社会发展至关重要。其次，在面对复杂的社会问题时，大学生需要具备一定的道德标准。批判性思维能够帮助他们建立这种标准，并依据自己的价值观做出决策。最后，批判性思维能帮助大学生更好地适应未来的职场环境。在职场中，问题和挑战往往复杂多变，需要员工具备独立思考和判断的能力。批判性思维能够帮助大学生在职场中脱颖而出，赢得更多的机会。

2. 树立诚信意识

诚信是中华民族的传统美德，也是处理个人与社会、个人与个人之间相互关系的一项基本准则。[①] 作为中华民族的希望和未来，当代大学生肩负着全面建设和谐社会的历史重任，他们的诚信意识、诚信品质、诚信行为关系到良好社会风尚的培育，关系到社会主义和谐社会的构建，在一定程度上关系到中华民族的未来。[②] 可以说，诚信是一个人的内在品质，大学生需要在日常的学习生活中不断提高自我，达到言行一致。具有诚信的人，才能得到老师和同学们的信任，才可能实现事业的成功。同时，增强诚信意识有利于培养大学生的合作意识。现代社会是一个充满竞争与合作的社会，需要全社会进一步提高诚信意识。

---

① 邢连清. 大学生的诚信缺失与对策思考 [J]. 毛泽东邓小平理论研究, 2005（2）: 57-60.
② 沈国强. 大学生诚信的缺失与重建 [J]. 中国成人教育, 2006（11）: 54-55.

3.培养问题解决能力

高校"金课"建设中有一条至关重要的标准，即考察大学生解决复杂问题的能力。首先，要提高大学生决策的准确性和可靠性，采用严谨的方法和数据驱动可帮助大学生解决问题，基于客观、真实的数据进行分析和判断，避免主观臆断。这样可以使决策更加准确和可靠，提高解决问题的成功率。其次，需要培养大学生的科学思维和逻辑分析能力，严谨的方法和数据驱动强调客观、实证和逻辑分析，要求大学生在解决问题时遵循科学思维和逻辑推理的规则。通过培养这种思维方式，可以帮助大学生更好地理解和分析问题，形成科学的解决方案。最后，需要提升大学生的问题解决效率和创新性，严谨的方法和数据驱动不仅要求大学生遵循科学的研究流程，还鼓励他们不断尝试新的方法和技术，寻找更加高效和创新的解决方案。这种培养方式可以激发大学生的创新思维，提高他们解决问题的效率和能力。

4.培养实践与探索精神

实践是检验真理的唯一标准。通过实践，大学生可以将所学知识与现实情况相结合，更好地理解和掌握理论知识，并提高实际操作能力。在实践中，学生会遇到各种复杂问题，需要运用创造性思维去解决。这种情境可以激发学生的创新思维，培养其独立思考和解决问题的能力。通过实践，学生可以更好地了解自己的兴趣、优势和不足之处，进而明确职业发展方向，并为未来的就业和创业做好准备。具有实践与探索精神的大学生更有可能参加社会实践、志愿服务等活动，从而为社会做出贡献。实践与探索精神是个人综合素质的重要组成部分。具备这种精神的学生在人际交往、团队协作等方面会有更好的表现，更有可能取得事业上的成功。科学求实鼓励大学生勇于实践，将理论知识应用于实际中，通过实践来检验和丰富理论知识。同时，它培养大学生具备探索精神，勇于探索未知领域，追求创新和进步。

（二）如何在高校体育中培养大学生的科学求实精神

通过培养科学求实的态度、使用科技手段进行教学、提供科学知识、推动高校体育求真务实发展等措施，可以在高校体育中培养大学生的科学求实精神。通过以上方式，不仅可以在高校体育中培养大学生的科学求实精神，还能帮助他们更好地理解体育，更有效地进行锻炼，从而全面提升他们的身体素质和科学素养。这将有助于他们在未来的学术和职业生涯中，以科学的态度面对问题、追求真理，为社会的发展做出贡献。

1. 培养科学求实的态度

在体育教学中，教师应该以身作则，展示出对知识的尊重以及对科学的探究精神。同时，应鼓励学生在体育学习中保持开放和质疑的态度，不盲从权威，勇于挑战和尝试。当学生在练习过程中遇到问题时，教师可以引导他们分析原因，提出解决方案，并验证解决方案的有效性。通过这个过程，学生可以学会独立思考和判断，培养科学求实的态度。而且，体育运动是一门实践性很强的学科，教师应强调运动实践的实证性。在进行运动技能教学时，教师可以让学生亲身体验和实践，通过实际效果来验证运动技能的正确性和有效性。这种实证性的学习方式可以让学生更加深刻地理解运动技能的本质和科学原理，从而培养科学求实的态度。

2. 使用科技手段进行教学

首先，体育教师可以利用智能设备和软件，根据每个学生的兴趣、能力和学习风格进行个性化的教学。例如，智能教学平台可以根据学生的学习进度和反馈调整教学内容和难度，确保每个学生都能在适合自己的节奏和难度下进行学习和训练。[①] 教师可以同时通过传感器、虚拟现实等技术，实时监测学生的运动技能和身体状况，并提供及时的反馈和指导。这样，学生可以及时纠正自己的错误，提高训练效果。同时，教师也可以根据学生的表现情况进行针对性的指导和辅导。

其次，科技手段可以促进学生之间的协作学习。例如，利用智能设备和软件，学生可以分组进行团体比赛、集体训练等活动，培养团队合作能力和

---

① 付玲莉 . 俯身倾听花开的声音：小学班主任管理工作探微［J］. 家长，2023（29）：47–49.

沟通能力。同时，通过课堂讨论、在线互动等方式，学生还可以拓展自己的思维和知识广度。

最后，科技手段可以收集和分析大量的运动数据，帮助教师和学生更好地了解自己的运动表现和身体状况。例如，智能手环、智能手表等设备可以实时监测学生的心率、步数、运动距离等数据，并通过数据分析软件生成运动报告，帮助学生了解自己的运动习惯和不足之处，从而制定更科学的训练计划。[①]

3. 提供科学的健身和营养知识

鼓励高校大力推行体医融合，建立体育与医学之间的跨学科合作机制，促进体育和医学领域的交流和合作。这可以通过组织跨学科研讨会、建立联合实验室或研究团队等方式实现。通过跨学科合作，教师可以共同研究体育健身和营养健康方面的问题，为大学生提供更加科学、全面的健身和营养知识，也可以开设体医融合课程。这些课程可以包括运动生理学、运动营养学、运动损伤防治等内容，帮助大学生了解运动对人体健康的影响，掌握科学的健身方式和营养知识，还可以建立健身指导服务体系，为大学生提供个性化的健身指导和营养建议，还可通过设立健身指导中心或聘请专业健身教练等方式实现。健身指导中心可以为大学生提供身体检测、运动评估、健身计划制定等服务，帮助他们制定科学的健身计划，提高健身效果。同时，也可以为大学生提供营养咨询和建议，帮助他们合理搭配饮食，提高营养水平。

4. 推动高校体育求真务实的发展

高校体育发展过程中要讲究求真务实，首先，要重实际，当前我们正加快建设体育强国，实现群众体育、竞技体育和体育产业全面协调发展，尤其是学校体育逐步进入黄金发展期，《关于全面加强和改进新时代学校体育工作的意见》《关于深化体教融合 促进青少年健康发展的意见》等国家政策文件相继出台。高校应充分考虑地区发展实际和现状，特别是考虑大学生身体健

---

① 张明波.基于运动 APP 的"数据云"大学生校园健身构建模式策略［J］.文体用品与科技，2023（17）：193-195.

康实际需求，在广泛调研的基础上，研究出台更加实际的体育措施。其次，要出实招，着眼于大学生更好实现身心发展的目标，推出一系列针对性举措，切实为高校教师、教练员以及大学生提供体育活动、运动竞赛等协助。最后，要讲求实效，高校体育工作的开展应围绕提升大学生体质健康水平和个人全面发展，从而为大学生在体质健康水平测试中不断进步创造良好条件。

第六章　中华体育精神的原则——遵纪守法

一、遵纪守法在中华体育精神中的地位

在体育中，遵纪守法主要指的是参与体育活动的人员，包括运动员、教练员、裁判员等必须尊重并遵守相关的法律法规和规章制度。这些规章制度包括但不限于体育比赛规则、体育组织机构的内部规定、体育法律法规等。遵纪守法在体育中是一种基本的道德要求，也是体育精神的重要组成部分。只有遵守规则和法律，体育比赛才能真正体现出公平公正，促进体育事业的健康发展。

（一）维护体育公平竞争

体育竞技的本质在于公平竞争，而遵纪守法是确保公平性的基础。体育竞技活动必须遵守规则和法律，以确保公正性和公平性。体育竞技活动的目的是通过公正的竞争来推动运动员和参与者的成长和团队合作能力。运动员和参与者必须遵守比赛规则，不得使用不道德手段来获得优势。只有遵守规则和法律，才能确保竞技活动的公正性和公平性，使所有参与者能够享受到公平竞争所带来的收获和成果。如果一个人在体育活动中不遵守规则，那么就会破坏公平竞争的精神和原则，削弱体育运动的意义。只有遵守规则和法律，确保竞技活动的公正性和公平性，才能使所有参与者享受到公平竞争所带来的收获和成果。

（二）保障体育活动安全

体育活动涉及对身体活动的挑战，运动员和参与者需要面对各种潜在的

风险。遵纪守法是体育活动的安全保障，遵守规则和法律能够保护人们的生命安全和身体健康。例如，在足球比赛中，运动员必须遵守规则，否则可能会导致受伤。比如，在马拉松比赛中，参与者必须遵守规定的线路和安全要求，以确保比赛顺利进行。

（三）体育精神文明体现

遵纪守法也是中华体育精神文明的重要体现，体育运动的各个项目都有相当周密的比赛规则和裁判制度，有着各种各样的纪律要求和规则限制。重文明、讲道德、守纪律便成了广大体育工作者、运动员和教练员的自觉要求和自觉约束。相关部门一再强调，要依法治体、依法行政；运动员和运动队在赛场内外也要遵守规则、尊重裁判、公平竞争；裁判员要公正执法、严于执法、违法必究。运动员更是要严格遵守"三尊重"原则，即尊重裁判、尊重对手、尊重观众。

（四）促进体育事业的健康发展

遵纪守法是体育事业健康发展的基础条件之一。只有尊重规则、遵守法律，才能维护良好的竞争环境，促进体育事业的繁荣和发展。同时，严格执行法律和规章制度能够惩治违法行为，增强公众对于体育事业的信心，提高体育事业的整体形象和公信力。同时，也能够吸引更多的社会资源和人才投入体育事业中，推动体育事业的快速发展。与此同时，体育事业作为社会公益事业的重要组成部分，必须树立良好的社会形象。遵纪守法能够展现体育事业的文明、公正的形象，增强公众对体育事业的信任和认可，为体育事业的长期发展打下坚实基础。

二、遵纪守法在体育运动中的体现

体育比赛本身是一个规则明确、纪律严明的活动。每个运动员都必须严格遵守比赛规则，尊重裁判员的判定，不得有任何违反规则的行为。这不仅是对自己负责，更是对其他运动员和整个比赛的尊重。在体育比赛中，有时候会出现争议和冲突。此时，遵纪守法的精神得以体现。运动员应该尊重裁判员的判定，服从裁判员的管理。对于争议和冲突，应该通过合法途径解决。此外，遵纪守法还体现在运动员的日常行为中。运动员应该尊重对手、观众和工作人员，保持良好的体育道德风范。

坚决筑牢反兴奋剂防线 推进体育科教事业高质量发展

为了维护体育的公平、公正，中国坚决向兴奋剂说不，开展了一系列卓有成效的反兴奋剂工作。国家体育总局科教司司长陈志宇在接受记者采访时表示，2023年作为贯彻党的二十大精神的开局之年，体育科教战线深入贯彻落实国家关于反兴奋剂、体育科技的重要指示批示精神，以目标和问题为导向，坚持顶层设计、系统思维，制定规划，全面推进反兴奋剂、体育科技、体育教育和体育科普工作高质量发展，打开了体育科教工作新局面。"反兴奋剂工作是我国体育事业健康发展的生命线，也是我国体育战线要牢牢守住的底线、红线。"陈志宇说，我们以"纵横交叉、上下联动"全覆盖的反兴奋剂组织体系建设为抓手，构建"拿干净金牌"的反兴奋剂长效治理体系，国内兴奋剂违规数量和违规率逐年下降，实现了东京奥运会、北京冬奥会、成都大运会、杭州亚运会兴奋剂问题"零出现"。①

兴奋剂问题破坏了体育竞赛的公平性和公正性，损害了运动员的身心健康。面对这一严峻形势，中国政府高度重视反兴奋剂工作，将其作为一项长期而艰巨的任务。通过制定严格的法律法规、加大监管力度、提高检测技术等措施，中国体育反兴奋剂工作取得了显著成效。

为了从源头上遏制兴奋剂问题，中国政府不断完善相关法律法规，为反兴奋剂工作提供了坚实的法律保障。从《反兴奋剂条例》到《反兴奋剂管理办法》，再到《体育竞赛反兴奋剂规则》，这些法律法规的出台和实施为打击

---

① 刘昕彤. 坚决筑牢反兴奋剂防线 推进体育科教事业高质量发展 [N]. 中国体育报，2023-12-26（A1）.

兴奋剂活动提供了强有力的武器。同时，中国政府还积极参与国际反兴奋剂合作，与国际组织保持密切沟通，共同打击兴奋剂活动。在反兴奋剂工作中，加强监管力度至关重要。中国政府建立了完善的监管体系，从国家体育总局到各级体育部门，再到各个运动队和运动员，层层把关、层层负责。通过实施严格的兴奋剂检查制度、加强运动员教育和管理、开展反兴奋剂宣传教育活动等措施，中国在源头上有效遏制了兴奋剂问题。

随着科学技术的不断进步，兴奋剂检测技术也在不断更新。中国政府高度重视兴奋剂检测技术的研发和应用，投入大量资金用于提高检测设备的准确性。同时，中国还积极参与国际兴奋剂检测技术交流与合作，引进和吸收国外先进的检测技术和经验。这些举措为中国体育反兴奋剂工作提供了有力的技术支持。反兴奋剂工作不仅仅是政府的责任，更是全社会共同的责任。中国深知这一点，将反兴奋剂教育和宣传作为工作中的重要一环。我国在学校、社区、运动队等各个区域开展反兴奋剂教育活动，提高公众对兴奋剂问题的认识。同时，我国利用媒体的力量广泛宣传反兴奋剂的理念和成果，让更多的人参与到反兴奋剂的行动中来。

面对兴奋剂问题，中国力争通过国际合作与交流来取得更好的效果。因此，中国积极参与国际反兴奋剂组织和活动，与国际社会共同打击兴奋剂活动。通过与国际组织的紧密合作，中国不仅学习了国际先进的反兴奋剂经验和技术，还为全球反兴奋剂事业做出了积极贡献。经过多年的努力，中国反兴奋剂工作取得了显著成果。运动员的兴奋剂违规行为得到了有效遏制，体育竞赛的公平性和公正性得到有力维护。同时，中国在国际反兴奋剂领域的影响力也在不断提升。展望未来，中国将继续加强反兴奋剂工作，不断完善法律法规、加大监管力度、提升检测技术、深化教育与宣传、加强国际合作与交流。同时，中国还将积极推动体育产业的健康发展，为运动员提供更好的训练和比赛条件。相信在全社会的共同努力下，中国反兴奋剂工作将取得更大的成就。

中国体育法治及其精神

党的二十大开启了以中国式现代化全面推进强国建设、民族复兴的新征程。建设体育强国离不开体育法治建设，随着新修订的《中华人民共和国体育法》正式施行，我国体育法治体系不断完善，在国家体育总局的领导下，各地区、各领域积极探索体育法治创新建设，为推动新时代体育事业高质量发展、满足人民群众日益增长的美好生活需要提供了坚实保障。①

我国体育法的发展历经了多个阶段。在早年，我国就开始颁布了一系列与体育相关的法规，如《体育会组织办法》等，②这些法规为我国体育事业的初步发展奠定了基础。新中国成立后，我国体育事业进入了一个新的发展时期。1951年，中国政务院发布了《关于改善各级学校学生健康状况决定》，提出要求学校重视体育工作，提高学生的体质水平。③1995年，我国颁布了《中华人民共和国体育法》，标志着中国体育法治建设进入新阶段。此后，我国政府又相继制定了一系列重要文件，为我国体育事业的全面发展提供了有力支持。

进入21世纪后，我国体育事业迎来了新的发展。2008年北京奥运会的成功举办，极大地推动了我国体育事业的发展。同时，我国政府也加大了对体育事业的投入，加强了体育设施建设、体育人才培养等方面的工作。我国体育法也在不断修订和完善。

体育法治由庞大的规范体系构成，从不同的角度支撑着体育法治系统。2024年1月，第一届中国体育仲裁委员会召开第七次全体会议。中国体育仲裁委员会主任王瑞连出席会议并讲话。王瑞连指出，中国体育仲裁委员会成立近一年以来，坚持以党的政治建设为统领，全面贯彻落实党的二十大战略部署，团结一致、攻坚克难，扎实推进体育仲裁各项工作有序开展。他强调，

---

① 刘昕彤. 不断推进体育治理体系和治理能力现代化 [N]. 中国体育报，2024-01-25（A1）.
② 谭华. 旧中国的体育立法活动 [J]. 体育文史，1989（2）：15-17.
③ 李浩然. 以学生的发展为导向发展学校体育 [J]. 南京体育学院学报（自然科学版），2012，11（1）：94-96.

体育仲裁工作要坚持党建引领，健全制度体系，强化人才支撑，依法依规化解体育领域纠纷，为体育强国建设保驾护航。

三、遵纪守法对大学生规则意识的促进作用

依法治国背景下，培养学生的法律意识以及法治精神，推动有关校园文化建设，不仅是高校和学生未来发展的要求，更是推动社会进步的主要途径。高校作为人才培养的中心，要通过各种措施增强学生法治意识、推动校园法治文化建设，这样既可以促进高校的特色文化建设，又能够培养出具有法治精神的优秀人才，有助于他们在未来的工作岗位中秉持遵纪守法的理念和爱岗敬业的精神，为社会进步贡献自己的一份力量。[①]

（一）培养大学生遵纪守法精神的意义

1. 提升个人素养

遵纪守法是现代公民的基本素质，也是大学生应具备的基本素质。作为未来的国家栋梁，大学生应该遵守法律法规，培养良好品德，成为具有社会责任感和道德观念的优秀人才。此外，培养大学生的遵纪守法意识，可以提升他们的道德修养和法律素养，使他们更加具有社会责任感和历史使命感。

2. 增强法律意识

遵纪守法是大学生应该具备的法律意识，通过遵守法律法规，大学生可以更好地了解和掌握法律知识，增强自己的法律意识，提高自己的法律素养。这对于他们未来的生活和职业发展都具有重要意义。培养遵纪守法意识有助于引导大学生正确认识法律的重要性，自觉遵守法律法规。

3. 实现自我价值

遵纪守法是大学生个人发展的重要保障，通过遵守法律法规，大学生可以树立正确的价值观，提高自己的综合素质和竞争力，更好地实现自己的人

---

① 吴兰.依法治国背景下培养大学生法治精神的校园文化建设路径［J］.法制博览，2020（34）：151-152.

生价值。大学生遵守法律法规和道德规范，可以更好地实现自我价值。

4. 维护社会公正

作为未来合格的社会主义建设者和接班人，大学生应该遵守法律法规，维护社会的公正和公平。在校园里，大学生应遵守校规校纪，这有利于维护校园的正常秩序和稳定。法治是社会文明进步的标志，也是国家长治久安的重要保障。[1]培养大学生的遵纪守法意识有助于推动法治社会建设，营造全民尊法学法守法用法的良好氛围。

（二）如何在高校体育中培养大学生的遵纪守法精神

高校体育课程通常有一定的规则和要求需要学生遵守，这有助于培养他们的纪律意识。例如，在体育比赛中，学生需要遵守比赛规则，尊重裁判的决定，这可以类比日常生活和工作中对法律和规定的遵守。在体育活动中，有时候会出现一些纠纷或冲突，如何合理地解决这些问题也是对学生的一种教育。比如，在比赛中出现了争议，应该通过正当的途径提出申诉。

1. 强化规则意识

在体育教学中，要强调遵守规则的重要性，要求学生严格遵守比赛规则，尊重裁判的决定，并以此为契机，引导学生在日常生活中也要遵守法律法规，形成遵纪守法的良好习惯。同时，在体育活动中，应制定明确的规则和纪律，要求所有参与者严格遵守。这可以帮助大学生理解并接受规则的重要性，从而培养他们的遵纪守法意识。对于在体育活动中表现出色的个人和集体，应给予表彰和奖励；对于违反规则的行为，应给予相应的惩罚。奖惩机制的建立可引导学生形成正确的价值观和行为习惯。

2. 增强自我保护意识

在体育教学中，要注重培养学生的自我保护意识，让他们了解自己的权利和义务，知道如何保护自己的合法权益。在参与体育活动时，要避免与其

---

① 喻永红. 法学本科课堂教学案例讨论模式探讨 [J]. 当代教育理论与实践，2010，2（4）：87-88.

他运动员发生碰撞，特别是在高速运动或激烈对抗的情况下。同时，也要教育学生在遇到自身权益受损时，要敢于维护自己的权益，及时向教师反映。

3. 发挥引导作用

教练员和裁判员在体育活动中扮演着重要的角色。他们应该以身作则，严格遵守规则，公正裁判，树立裁判的权威。当发现参赛者在比赛中出现违规行为时，裁判员应及时予以纠正，并提醒他们遵守规则。裁判员可以通过与参赛者沟通和交流，帮助他们认识到自己的问题，并引导他们遵守比赛规则。同时，他们还可以在比赛前或教学中通过讲解体育规则、解释判罚等方式，帮助参赛者理解并遵守规则，确保每位参赛者都能清楚了解规则内容，特别是对于那些可能对规则存在误解或不清楚的地方，裁判员应给予特别的说明和解释。

4. 完善体育管理制度

学校应建立体育管理机构，明确各级管理部门的职责和权力。学校领导应重视体育工作，将体育纳入学校整体发展规划，并给予较大支持。体育管理部门应制定具体的管理制度，加强与其他部门的沟通和协作，确保体育教学和体育课外活动正常进行。同时，也要加强对学生的管理，对违反规定的行为要及时进行处理和纠正。此外，学校应建立完善的体育评价和反馈机制，对体育工作进行全面的评估和监督。可以通过学生评价、专家评价等方式了解体育工作的实际情况和存在的问题，及时进行调整和改进。同时，要加强对评价结果的运用和反馈，激励体育教师积极投身工作，提高工作质量和效率。

第七章 中华体育精神的基石——团结协作

一、团结协作在中华体育精神中的地位

团结协作在中华体育精神中占据着重要的地位。中华体育精神强调的是集体主义的精神风貌，而团结协作正是这种精神的体现。

首先，团结协作是中华体育精神的重要组成部分。在中国的体育文化中，集体的荣誉和利益至上。运动员们在比赛中相互支持、协同作战，追求的是整个团队和国家的胜利。这种精神风貌展现了团结协作在中华体育精神中的重要地位。

其次，团结协作是中华体育精神的基本要求。在中国的体育教育中，团结协作是一种基本的教育理念。体育比赛中的团队合作需要每个运动员充分发挥自身的优势，同时还要与其他运动员相配合，共同完成团队的目标。这种要求促使运动员学会相互信任、相互尊重、相互支持，展现了团结协作的精神风貌。

最后，团结协作是中华体育精神的实践体现。在中国的体育实践中，集体项目篮球、排球、足球等都需要运动员具备团结协作精神。只有通过团队协作，才可能取得比赛的胜利。这种实践体现了团结协作在中华体育精神中的重要地位，也促使运动员更加注重团队精神和集体荣誉。

因此，团结协作在中华体育精神中占据着重要的地位。它不仅是中华体育精神的重要组成部分，也是中华体育精神的基本要求和实践体现。在未来

中国体育事业的发展中，应该继续弘扬团结协作的中华体育精神，推动中国体育事业不断向前发展。

二、团结协作在体育运动中的体现

体育运动项目的类别繁多，其中最能体现团队协作精神的项目是"三大球"（足球、篮球和排球）。团体项目每个队员都有自己的职责和位置，他们需要在比赛中发挥自己的特长，同时与其他队员密切配合，才能取得最佳的效果。因此，"三大球"之所以最能体现团队协作，是因为它们需要团队成员之间的高度信任、默契、分工。这些要素都是团队协作的重要组成部分，也是这些运动项目取得成功的关键。足球、篮球、排球参与人数多、社会影响力大，深受人们特别是青少年的喜爱。[①] "三大球"在各个赛场上也充分体现了团队协作精神的力量。

中国男篮

中国男篮参加过很多国际赛事，取得了一些成绩。在亚洲篮球赛场上，中国男篮从 1975 年到 1983 年连续获得五次亚洲锦标赛冠军（亚洲杯前身）。在 2009 年的天津亚锦赛上，中国男篮获得亚军。在 2015 年的长沙亚锦赛上，中国男篮获得冠军。在 2018 年的雅加达亚运会上，中国男篮获得冠军。在 2023 年的杭州亚运会上，中国男篮获得季军。此外，中国男篮多次挺进奥运会八强，1996 年亚特兰大奥运会中国男篮获得第八名。2004 年雅典奥运会中国男篮获得第八名，以及 2008 年北京奥运会上，中国男篮也取得了第八名的成绩。

在世界各国篮球水平较高的形势下，中国男篮在跻身篮坛前列的道路上勇往直前，这和中国男篮的团队协作有直接关系。第一，中国男篮有着明确的目标和计划，包括对对手的战术分析和自身的技术提升等。全队上下一心，

---

① 李明，韩雨桐. 振兴"三大球"背景下高校足球教学高质量发展的价值与路径研究［J］. 辽宁体育科技，2023，45（6）：135-140.

为实现共同的目标而努力。第二，中国男篮高度配合、密切协作，在篮球比赛中，每个队员都有自己的任务，而任务的完成往往需要与其他队员配合。中国男篮在防守和进攻中都展现出了高度的协作精神。例如，在防守时，队员们会相互呼应，协同防守；在进攻时，他们会通过传球和跑位，抓住最佳的进攻机会。在关键时刻，队员们能够顶住压力，相互支持和鼓励，共同应对挑战。第三，中国男篮的队员们彼此信任，相信队友的能力和判断。无论在防守还是进攻中，他们都能够默契配合、相互支持，这是建立团队的基础。第四，中国男篮的每个队员都明确团队的目标，为团队赢得比赛。他们不仅仅关注个人的表现，更注重整个团队的表现。在比赛中，他们会根据情况调整自己的角色和任务，最大程度帮助团队取得胜利。第五，中国男篮集体智慧充分展示，在制定比赛策略和战术时，中国男篮的队员们会充分表达自己的看法，积极参与讨论。通过集体的智慧，他们能够制定出最适合自己的战术，这也是团队协作的重要体现。团队协作的另一个体现是团队士气的激发。中国男篮在比赛中总是展现出高昂的斗志和顽强的拼搏精神，这不仅来自队员们的个人能力，更来自整个团队的协作，这些精神是他们在比赛中取得优异成绩的重要保障。

女排精神

中国女排是一支非常优秀的排球队伍，取得过很多辉煌的成绩。中国女排之所以取得众多殊荣，与其团队协作精神密不可分。不论在训练场还是比赛中，中国女排时刻体现出她们的团队协作精神。首先，中国女排配合默契，队员们在比赛中互相配合，通过传球、接球、扣球等动作协同作战，充分发挥整体实力。在训练中，她们注重提高个人技能和团队协作能力，通过反复练习和磨合，使整个团队更加默契。其次，中国女排队员具有强烈的团队精神，她们深知只有整个团队发挥出最大的潜力，才能取得更好的成绩。在比赛中，她们互相鼓励、互相支持，共同面对挑战，展现出强大的团队凝聚力和战斗力。再次，中国女排队员永远将集体利益放在首位，注重整个团队的利益。最后，中国女排队伍领导核心作用显著，中国女排的队长和核心队员在团队中起到了至关重要的作用，她们是整个团队的灵魂和支柱，用自己的表现进行言传身教，激励和带领其他队员共同前进。在训练和生活中，她们也经常关心和照顾队友，帮助队友解决各种问题，营造良好的团队氛围。总之，中国女排的团结协作精神体现在互相配合、团队精神、集体利益至上以及领导核心作用等方面。这种精神是她们取得优异成绩的重要保障之一，也为其他团队树立了榜样。

中国女足

中国女足如同盛开的玫瑰，坚韧而美丽，女足姑娘们的精神广为传颂，她们是家喻户晓的"铿锵玫瑰"。从1986年亚洲杯开始，中国女足开创了1986、1989、1991、1993、1995、1997、1999年女足亚洲杯七连冠的史诗级战绩。1991年，中国举办首届女足世界杯，第一代中国女足在主场出战，首战4：0击败了当届亚军挪威队。1996年亚特兰大奥运会，中国女足勇夺银牌。此后，1999年女足世界杯再度摘银、2015年重返世界杯8强、2022年亚洲杯逆转夺冠。

首先，中国女足团结一致表现在队伍的团队合作中，无论是进攻还是防守，她们都能够默契配合，共同为球队的目标而努力。同时，中国女足队员们时刻互相支持、鼓励，在比赛中，面对比分落后或时间紧迫的情况，女足姑娘们会并肩作战、勇往直前。这种相互支持的精神是她们团结一致的体现。这种面对困难时不屈不挠、共同应对的精神也是团结一致的体现。其次，中国女足始终为共同目标努力奋斗，女足姑娘们心往一处想、劲往一处使，为了共同的目标而努力。这种为了共同目标而努力的精神也是团结一致的体现。最后，中国女足的姑娘们在比赛中展现出了强大的凝聚力。这种凝聚力来自她们对球队的热爱和对比赛的专注。在比赛中，她们能够互相配合、互相支持，展现出了强大的团队力量。可以说，中国女足团结一致的精神体现在她们的团队合作、互相支持和鼓励、共同应对挑战、为共同目标努力以及强大的凝聚力等方面，这种团结一致的精神是中国女足在国际赛场上取得成绩的关键。

三、团结协作在大学生集体发展中的作用与实现

2018 年五四青年节前夕，习近平总书记与北京大学师生座谈，感慨地说道："我记得，1981 年北大学子在燕园一起喊出'团结起来，振兴中华'的响亮口号，今天我们仍然要叫响这个口号，万众一心为实现中国梦而奋斗。"^① 团结协作是一种永不磨灭的精神，是一种将中国人民凝聚起来的力量。

（一）为什么要培养大学生的团结协作精神

1.提高个人素质

通过团结协作，大学生的沟通、协调、组织等能力得到锻炼，这有助于提高他们的个人素质，增强竞争力。提高个人素质可以增强大学生的就业竞争力，让他们更好地适应市场需求，获得更多就业机会。同时，个人素质与人际关系处理能力紧密相关，提高个人素质可以增强大学生的人际交往能力，让他们能更好地与人相处，拓展人际关系。

2.培养个人领导力

在团结协作的过程中，大学生可以在实践中锻炼领导能力，这有助于培养他们的领导力。此外，也能够帮助他们适应社会发展需求。随着社会的发展，各行业发展对领导力的要求变得越来越高。培养大学生的领导力可以帮助他们成为具备领导才能的优秀人才。当然，领导力并不仅仅是指个体领导者的能力，还包括团结协作和团队管理的技能。培养大学生的领导力可以促进他们更好地与他人合作，提高团结协作能力。

3.提升问题解决能力

团结协作可以集思广益，通过集体讨论找到解决问题的最佳方案，这有

① 人民网.在北京大学师生座谈会上的讲话 [EB/OL].（2018-05-03）[2023-11-20]. http://edu.people.com.cn/n1/2018/0503/c1053-29962479.html.

助于提高大学生的问题解决能力，同时，也适应了未来职业需求。随着社会的发展和科技的进步，职场对大学生的要求越来越高。具备较强问题解决能力的大学生更能够适应未来职场的要求，成为具备创新能力和实践经验的人才。可以说，问题解决能力是大学生综合素质的重要组成部分。通过提升问题解决能力，大学生可以更好地掌握分析问题、解决问题的能力，提高自身的综合素质。

4. 促进情感交流

团结协作可以促进大学生之间的情感交流，增进彼此之间的了解和信任，建立良好的人际关系。此外，团结协作还能提高个人情感健康水平，情感交流可以帮助大学生更好地了解自己的情感状态，缓解心理压力。通过情感交流，大学生可以更好地理解他人的情感需求，增强同理心，提升沟通能力，建立更加和谐的人际关系。同时还可以培养情感智慧，情感智慧是指个体在情感方面的认知、理解和调控能力。通过情感交流的实践，大学生可以培养自己的情感智慧，更好地应对生活中的挑战。

5. 培养社会责任感

通过参与公益活动等形式的团结协作，大学生可以了解社会需求，为社会做出贡献，这有助于培养他们的社会责任感。培养大学生的社会责任感有助于培养全面发展的人才，让他们不仅具备专业知识，还具备社会责任感和公共意识，能够为社会做出积极的贡献。[1]同时，大学生作为社会的栋梁，培养社会责任感可以促进社会的和谐稳定。具备强烈社会责任感的大学生更有可能积极参与社会公益事业，维护社会公正。而且，培养大学生的社会责任感有助于提升个人品质修养，让他们更加注重提升道德修养，培养高尚的品德。

（二）如何在高校体育中培养大学生的团结协作精神

大学体育活动丰富多彩，在体育运动中培养大学生的团结协作精神，可以从以下几个方面入手：

---

① 熊奋建. 高中美术教学融入情感教育的策略研究 ［J］. 家长，2023（9）：133-136.

1. 强调团队目标

在体育训练和比赛中，要强调团队目标的重要性，要让学生明白个人的表现和胜利并不是最重要的，团队的整体胜利和进步才是最重要的。这样可以增强学生的集体荣誉感，让他们更加重视团结协作。在大学生体育活动中，需要多方面凸显团队目标的重要性。

（1）制定明确的团队目标

在体育训练和比赛中，要制定明确、具体的团队目标，让学生清楚地知道团队的目标是什么，以及如何通过个人的努力和团结协作来实现这个目标。这样可以增强学生的目标意识，提高他们的积极性和主动性。

（2）强调团队利益

在体育训练和比赛中，要强调团队利益的重要性，让学生明白个人的表现和利益应该服从团队的整体利益。这样可以增强学生的集体主义精神，让他们更加注重团结协作和整体胜利。

（3）强化团队标识

在体育训练和比赛中，可以通过穿着统一的服装、使用相同的标志等方式强化团队意识。这样可以增强学生的团队认同感和归属感，让他们意识到自己是团队的一员。

（4）鼓励团队表现

在体育训练和比赛中，鼓励学生在团队中的表现，让他们意识到只有通过团队合作才能取得更好的成绩。可以通过奖励、鼓励等方式激励学生更加积极地参与到团结协作中。

（5）加强团队文化建设

在体育训练和比赛中，要加强团队文化建设，通过各种活动等方式，营造出积极向上、团结协作的团队氛围。这样可以让学生在潜移默化中接受团队协作精神的熏陶和影响。

2. 明确分工与合作

在大学体育的各类体育项目活动中，需要让学生明确自己的角色和任务，以及与队友的协作方式。明确的分工与合作可以让学生更好地理解团结协作的重要性，同时也能够提高他们的责任感和主动性。如何明确分工、建立合作需要遵循以下步骤。

（1）分组与角色分配

根据大学生的体育特长和兴趣，在练习过程中可将他们分成不同的组别，并分配不同的角色和任务。比如，分配排球中的主攻、副攻、二传、接应以及自由人等角色，这样可以让学生明确自己的职责，发挥自己的优势，提高团结协作的效率。

（2）制定计划与策略

在大学体育训练和比赛中，要制定明确的计划和策略，包括比赛策略、训练计划等。让学生清楚地知道应该如何进行团结协作，以及如何分工协作，以达到更好的效果。

（3）及时反馈与调整

在体育训练和比赛中，教练员或队长要及时给出反馈和调整方案，让队员们清楚地知道自己的表现和团队的进展情况。根据反馈和调整方案，队员可以更好地调整自己的角色和任务，提高团结协作的效果。

3. 促进沟通交流

沟通与交流在团队建设中尤为重要，特别是在体育运动项目中，需要通过语言或肢体的表现传达意图和战术思维，如何进行有效的沟通和交流是训练和比赛中信息传导的关键。

（1）创造良好的沟通氛围

在体育训练和比赛中，过分严肃和压抑的氛围会阻碍队员的自我表达和自我展示，要创造一个轻松、积极、开放的氛围，让队员们愿意表达自己的想法。

（2）强调沟通的重要性

在体育训练和比赛中，要强调沟通的重要性，鼓励队员大胆表达自我意愿，让队员明白只有通过有效的沟通交流，才能更好地协调合作，提高团队的效率。

（3）提供沟通技巧培训

在练习过程中要为队员提供沟通技巧的培训，让他们学会如何有效地表达自己的想法和意见，如何倾听和理解别人的战术观点。

（4）促进团队成员之间的了解

各种形式的体育互动类活动可促进队员之间的了解和信任，让他们更好地理解彼此的想法和需求，提高团队的默契度和合作效率。

（5）鼓励开放心态和尊重他人

引导队员保持开放心态，学会在运动场上尊重他人的观点和意见，不轻易否定或批评别人，用建设性的方式来解决问题和协调冲突。

（6）利用现代技术工具

为了避免时间、地理等因素的限制，可以利用现代技术工具社交媒体、即时通信工具等，为队员们提供更多的沟通渠道和机会，让他们时刻能够进行经验分享和技术交流。

4.培养信任与支持

信任感是团结协作的基础，在体育训练和比赛中，需要让学生意识到相互信任和支持的重要性。通过鼓励、支持和帮助队友等方法，可以让学生更好地建立起彼此之间的信任和支持，增强团队的凝聚力和向心力。

（1）建立互信基础

在体育训练和比赛中，要通过情景模拟引导队员建立起彼此之间的信任基础，让他们相信自己的队友，愿意为队友提供帮助和支持，也可以通过一些合作训练和团队活动让学生更好地了解彼此，建立起互信关系。

（2）强调团队合作

在体育训练和比赛中，要通过宣讲等方式强调团队合作的重要性，让队员明白只有通过团队合作才能取得更好的成绩，也可以制定明确的计划和策略，以及强调团队目标来促进团结协作。

（3）提供支持与鼓励

在体育训练和比赛中，教练员应该为队员提供支持和鼓励，让他们感到关注和支持。可以采取激励、表扬、帮助等方式增强队员的自信心。

（4）解决冲突与建立共识

在体育训练和比赛中，要引导队员解决冲突和建立共识，让他们学会如何处理不同的意见和需求。可以通过沟通交流、协商讨论等方式促进队员的合作和理解。

第八章　中华体育精神的支柱——顽强拼搏

一、顽强拼搏在中华体育精神中的地位

顽强拼搏是最常见的一种中华体育精神，也是中华体育精神的重要组成部分，它在中华体育精神中的地位主要体现在以下几个方面：

第一，顽强拼搏体现了中国体育健儿不屈不挠、奋发向前的精神状态。在竞技场上，面对强手和各种困难，运动员们需要发扬顽强拼搏的精神，以不屈的意志和过硬的技术迎难而上，不断超越自我，创造优异成绩。这种精神既是运动员自我磨炼的表现，也是为国家和民族贡献力量的体现。

第二，顽强拼搏彰显了民族精神，顽强拼搏不仅代表了中华体育精神，也是中华民族精神的重要体现。中华民族在长期的历史发展过程中，形成了自强不息、奋发向上的民族精神。这种精神在体育领域中得到了充分体现，是中华体育精神的重要组成部分。

第三，顽强拼搏激发了人们不断挑战自我、超越自我的勇气和力量。在竞技体育中，运动员需要不断突破自我，才能在比赛中获得更好的成绩。顽强拼搏鼓励人们不怕失败、不怕困难，勇于面对挑战、敢于向前。

第四，顽强拼搏对于促进社会进步具有重要意义。体育竞技中的胜负成败可以激发人们的集体荣誉感和团结协作精神。同时，体育竞技也可以培养人们的规则意识、公平意识，推动人类文明发展不断进步。

第五，顽强拼搏是中华文化的重要组成部分，对于传承和弘扬中华文化具有重要意义。

总之，顽强拼搏在中华体育精神中占有重要地位，它是中华民族精神的重要体现，激发了人们不断挑战自我、超越自我的勇气和力量，促进了社会的进步和文化的传承。

二、顽强拼搏在体育运动中的体现

顽强拼搏在体育运动中属于最典型也最常见的宝贵精神，众所周知，运动员需要在训练和比赛中持续付出努力，不怕困难和挑战，不放弃追求卓越。不仅要每天坚持训练，还要克服疲劳和伤病等困难。同时，运动员在赛场上要不畏强敌，敢于挑战和超越自己。在面对实力强大的对手时，运动员要不畏惧、不退缩，勇敢地迎接挑战，发挥出自己的最佳水平。此外，顽强拼搏也表现为运动员在比赛中展现出的坚韧和毅力。在长时间比赛、高强度对抗和压力下，运动员能够保持专注和冷静，不轻易放弃，不断调整状态和战术，最终取得胜利。这种精神不仅能够赢得对手的尊重，也能让观众感受到体育运动的魅力和价值。

“人生能有几回搏，此时不搏，更待何时！”——容国团

容国团 1937 年出生于中国香港，是中国著名乒乓球运动员，也是中国乒乓球历史上的重要人物，他在 1959 年第二十五届世界乒乓球锦标赛中夺得男子单打冠军。他的故事是一个充满顽强拼搏的历程。

1958 年，容国团进入国家队。进入国家队的容国团是中国队年龄较小的队员。他非常珍惜这个机会，每天都要训练 10 多个小时，非常刻苦。1959 年，容国团代表中国参加第二十五届世界乒乓球锦标赛，此次比赛世界各国高手齐聚一堂。中国运动员容国团一路过关斩将，最终夺得了男子单打冠军。容国团在夺得冠军后说，人生能有几回搏！此时不搏，更待何时！从此，这句名言激励着一代又一代的青年奋发向前。

容国团的成功并非一帆风顺，他经历了许多挫折和困难，但他始终保持着顽强拼搏的精神，不断努力追求卓越。他的经历体现出，只有坚持不懈地

努力和拼搏，才可能在困境中崛起，取得成功和辉煌的成就。容国团在乒乓球运动中的顽强拼搏精神不仅激励了无数人，也为中国体育事业树立了一个光辉的榜样。他的故事体现出，无论遇到多大的困难和挫折，只要有顽强的毅力和拼搏精神，就能够战胜困难。容国团的精神将永远激励着人们努力追求自己的梦想和目标。

"体操王子"——李宁

李宁这个名字在中国体坛上是一个不朽的传奇。李宁的体操之路并不容易，他早期进入广西体操队，开始了体操生涯。然而，在那个时候，李宁在训练中遇到了很多困难和挑战，但是他并没有被这些困难击败，而是以顽强的毅力和拼搏精神克服了这些困难，不断提高自己的训练水平。

1982年，李宁代表中国队参加了第六届世界杯体操比赛。在比赛中，他展现出了惊人的实力，获得了六枚金牌。之后，在1984年洛杉矶奥运会上，他一人获得三金两银一铜，成为中国体坛的英雄。他的表现不仅证明了自己的实力，也向世界展示了中国体操的崛起。

在遇到挫折时，李宁并没有选择放弃或逃避。他勇敢地面对挫折，重新振作起来，继续在赛场上拼搏。在退役后，他并没有停止前进的脚步，而是创立了自己的体育品牌"李宁"，并成功地将自己的品牌推向了国际市场。同时，他也积极参与公益事业和社会活动，为中国的体育事业和社会发展做出了贡献。

李宁的经历告诉我们，无论遇到多大的困难和挫折，只要保持顽强拼搏的精神，就能够战胜困难。可以说，李宁不仅是一位伟大的体操运动员，更是一位具有顽强拼搏精神的勇者。他的故事激励着人们勇敢地追求自己的梦想，不畏挫折、不断努力。

2023年杭州亚运会上中国运动员的拼搏故事

杭州第十九届亚运会是继1990年北京亚运会、2010年广州亚运会之后，中国第三次举办亚洲最高规格的国际综合性体育赛事。[①] 赛场上运动员的拼搏事迹最能体现中华体育精神，赛场上的每一次坚持与努力都是运动员们顽强拼搏的最好体现，也是对顽强拼搏的最好诠释。

中国女篮经历过非常多的大赛，在杭州亚运会女子篮球决赛中，中国队战胜了日本队成为冠军，这场比赛日本队攻势很猛，上半场中国队还处于领先状态，但下半场对手将比分追平，在关键时刻，中国女篮姑娘们突破得分，取得了最后胜利。

杭州亚运会的首枚金牌出自赛艇女子轻量级双人双桨项目，中国运动员成功拿下首金，在获得金牌的背后，是中国双桨运动员长期坚持不懈的训练，在中国赛艇运动员的训练中，运动员经常手上起泡或是磨破皮，这是他们奋力拼搏的表现。

杭州亚运会游泳赛场上，中国运动员张雨霏斩获 6 枚金牌。9 月 28 日的 50 米自由泳决赛中，张雨霏更是以优异成绩夺得冠军，让人意想不到的是，这位年轻女孩在比赛前发起高烧，但是她仍然选择了咬牙坚持，最终获得了胜利。

杭州亚运会的羽毛球比赛精彩纷呈，在男子团体决赛场上，中国队在开局比分落后的情况下，经过艰苦角逐扳回比分，获得了冠军，中国队不畏艰难拼搏至最后一刻的精神获得了全场球迷的肯定与喝彩。

杭州亚运会男子龙舟 500 米直道竞速决赛中，中国运动员始终奋力拼搏，在最后拿到了冠军。

在杭州亚运会的赛场上，除了站在冠军领奖台上的佼佼者，那些勇于挑战自我、永不言弃，虽没有夺得桂冠但始终顽强拼搏的运动员也值得敬佩。比如，羽毛球男双比赛中，运动员王昶发烧依然坚持比赛。本次亚运会中国代表队顽强拼搏的事迹让人们备受鼓舞，他们用实际行动诠释了什么是为梦想而战，展现了顽强拼搏的深刻含义。

---

① 顾西流. 来亚运会品尝"最杭州"的味道［J］. 餐饮世界，2023（9）：64-67.

三、顽强拼搏在大学生个性发展中的作用与实现

当代大学生在完成学业的过程中，不仅要有敢作敢为的精神，还要讲求拼搏的方式方法。大学生要根据自身情况，相信自我、坚定理想信念，充分发挥主观能动性去创造自身价值。

"无体育，不清华"是大家耳熟能详的口号，很多人在谈清华体育精神，清华的学生刻苦训练、顽强拼搏，在各类大赛上取得了优异的运动成绩，他们的体育精神始终鼓舞着广大清华师生，要将体育精神融入生活中去。

（一）为什么要培养大学生顽强拼搏精神

1.提升自我驱动力

自我驱动力指个体内在的自我激励和追求自我成长的动力。具有强烈自我驱动力的大学生，能够在学习、生活和工作中积极主动地追求自己的目标，即使没有外部的奖励或压力，也能够持续地努力和奋斗。强烈的自我驱动力能够使大学生勇于接受新的挑战，不断突破自我，明确并完成既定目标。

2.增强自信心

通过顽强拼搏，大学生可以克服各种困难，增强自信心。这种自信心不仅有助于大学生在学业上取得更好的成绩，也有助于他们在未来的工作和生活中更加自信地面对各种挑战。面对挑战时，顽强拼搏有助于大学生保持坚定的信念，积极应对并克服困难。

3.培养社会竞争力

在竞争日益激烈的现代社会，只有具备顽强拼搏精神的人才能在激烈的竞争中脱颖而出，不断超越自我，实现个人价值和社会价值。顽强拼搏可以促使大学生主动学习，不断提升自己的能力和素质，从而更好地适应社会发展的需要。

4.塑造积极心态

顽强拼搏有助于培养大学生积极向上的心态和习惯，如主动学习、健康

的生活方式、良好的时间管理能力等。同时，也有助于大学生更好地应对挑战。在大学期间，大学生面临着学习、社交、职业发展等方面的挑战。面对挫折和困难时，积极的心态可以帮助大学生保持乐观、坚定信念，从而更好地应对困难。

5. 促进个人成长和发展

通过顽强拼搏，大学生不仅可以取得更好的学业成绩，还可以培养个人品质和素质，如自律、坚毅、独立思考等，实现自我成长和进步。同时，这能够促使大学生将学到的科学知识内化于心、外化于行，努力拼搏进取，提升核心竞争力，对大学生的未来发展产生积极的影响。

（二）如何在高校体育中培养大学生的顽强拼搏精神

1. 树立正确竞争观念

在体育教学中，教师应该注重德育教育，引导大学生树立正确的人生观和价值观，培养他们的竞争意识。要让大学生明白顽强拼搏精神的重要性和意义。可以尝试激发学生的内在动力，让学生认识到体育运动中的竞争是自我超越和进步的过程。激发学生的内在动力可让他们对运动和锻炼产生兴趣，从而主动参与到竞争中，特别是在体育教学中，不仅要注重体育技能和体能的训练，更要强调竞争意识的培养。

2. 创设适度竞赛环境

体育比赛是培养大学生顽强拼搏精神的有效途径。高校可以组织各种形式的体育比赛，鼓励学生积极参与，让他们在比赛中感受到竞技的激情和胜利的喜悦。可利用体育竞赛的特性创设适度的竞赛环境，让大学生在比赛中锻炼他们的意志力。同时，通过竞技比赛，大学生能够培养坚持不懈、勇往直前的精神品质，良好的竞赛氛围也能够激发大学生的竞争意识和斗志。

3. 设置挑战性任务

在体育教学中，教师可以设置一些具有挑战性的任务，要求学生克服困难、超越自我，从而培养他们的顽强拼搏精神。比如，在跑步训练中，可以设置一个时间限制，让学生尽可能接近这个时间，这种挑战方式可以激发学生的挑战意识。同样，除了设置挑战任务，奖惩机制的建立也是提高大学生竞争意识的重要手段。在体育竞赛中，要建立完善的奖惩机制，对表现优秀的参与者给予适当的奖励，对违反规则的参与者进行相应的惩罚，以此来激励和约束参与者的行为。

4. 引导自我激励

引导学生自我激励，让他们学会自我鼓励、自我调整，不断激发自己的潜能。具体可以在体育教学过程中引导学生制定一些目标，帮助学生制定明确、可行的目标，让他们有方向地提高自己的能力和水平。通过不断实现短期目标，学生可以逐渐提高自己的自信心，从而更加主动地参与到竞争中，追求更高的目标。当然，在引导自我激励的同时也需要根据参与者的实际情况控制好竞赛难度，否则难度远超学生自身能力不仅无法促进竞争意识的养成，可能还会削弱他们的斗志。

5. 进行个性化教育

高校应该针对不同学生的特点和需求进行个性化教育，帮助他们找到适合自己的运动项目和训练方法，根据大学生的特点和需求制定多样化的体育课程，如体能训练、拓展训练、团队运动等。同时，学校让学生根据自己的兴趣和特长选择适合自己的项目。例如，对于喜欢篮球的学生，学校可以重点培养他们的篮球技能和战术意识。在篮球教学中要鼓励学生勇于尝试新的动作；在篮球比赛中要支持学生应用进攻战术；在比赛失利时，鼓励学生激发内在的斗志争取逆转局势。通过参与体育运动，学生能够体验到挑战自我、超越自我的过程，从而培养顽强拼搏的精神。

第九章 中华体育精神与高校立德树人的融合

一、中华体育精神融入高校立德树人的意义

（一）践行社会主义核心价值观

首先，中华体育精神和社会主义核心价值观都强调对国家价值目标的追求。社会主义核心价值观倡导富强、民主、文明、和谐的国家层面的价值目标，而中华体育精神中的爱国主义情怀和为国家荣誉而战的精神与此相契合。中国体育健儿在国际赛场上奋力拼搏、为国争光展现了国家的凝聚力和向心力。

其次，中华体育精神与社会主义核心价值观都注重个人层面的价值准则。社会主义核心价值观在个人层面倡导爱国、敬业、诚信、友善的价值准则，而中华体育精神中也蕴含这些品质。运动员在比赛中展现出对国家的忠诚和热爱体现了爱国精神；运动员的刻苦训练展现了敬业精神；运动员在比赛中遵守规则、尊重对手和裁判体现了诚信精神；运动员之间的团结友爱、互助合作体现了友善精神。

最后，体育活动中，运动员不畏艰难、勇往直前的精神风貌能够激发人们的奋斗精神和进取心，促进社会的和谐发展。中华体育精神可以通过践行公平竞争、团队合作、爱国情怀、自律意识来更好地践行社会主义核心价值观。这不仅有助于提升人们的道德水平和文明素养，也有助于推动社会的和谐进步和发展。

（二）协同"五育并举"教育模式

从德育层面看，中华体育精神注重运动员的道德修养、品格塑造和价值观培养。要强调体育与德育的紧密联系，通过体育活动和比赛来培养学生的道德品质、团队精神和集体荣誉感，这有助于学生在日常生活中践行社会主义核心价值观，形成良好的道德品质。

从智育层面看，体育训练和比赛不仅需要身体素质，还需要战术思维、团队协作和创新能力等智力支持。中华体育精神的融入可以引导学生认识到体育与智育的相互促进关系，鼓励学生在体育活动中发挥聪明才智，提高综合素质和创新能力。

从美育角度看，中华体育精神蕴含着对美的追求。在宣扬中华体育精神的过程中，可以体现体育与美育的关联，体育活动和比赛可展现体育运动的韵律美、力量美，这有助于培养学生的审美能力和艺术素养，提高他们对美的感知和理解。

最后，从劳育角度出发，中华体育精神的融入能够体现体育与劳动教育的互补性，体育活动和比赛需要学生付出辛勤的努力和汗水，这本身就是一种劳动教育的体现。在宣扬中华体育精神的过程中，可以强调体育与劳动教育的互补性，鼓励学生在参与体育活动和比赛的过程中，培养实践能力和团队合作精神，这有助于学生在日常生活中更好地践行劳动教育的理念，形成积极向上的劳动态度。

（三）促进大学生全面发展

中华体育精神的传播能够培养大学生的团队协作能力，在体育活动中，大学生需要学会与他人合作，了解团队目标和个人角色的关系，这有助于培养他们的团队协作能力。这种能力在未来的工作和生活中都非常重要，能够帮助大学生更好地融入团队，实现自我价值。同时，中华体育精神能够培养大学生的自信心和意志力。在体育比赛中，大学生需要面对挑战和竞争，克服困难，这有助于培养他们的意志力和自信心。这种自信和坚韧不拔的精神能够帮助大学生在未来的工作和生活中更好地应对挑战，取得更好的成绩。此外，体育精神能够培养大学生的公正公平意识。在体育比赛中，公正公平是必要的，这有助于培养大学生的公正公平意识，这种意识能够帮助大学生在未来的工作和生活中更好地维护公正公平原则，为社会做出贡献。体育精神还能够培养大学生的人文素养。体育运动中蕴含丰富的人文精神，如爱国主义、集体主义等。这些人文精神能够丰富大学生的精神世界，提高他们的人文素养。人文素养能够帮助大学生更好地理解人类文化和社会现象，更好地为社会做出贡献。

二、中华体育精神植入高校思政课程的原则

（一）明确中华体育精神在思政课中的价值

在制定思政课程教育目标时，应明确中华体育精神和思政课程的目标，确保它们在培养学生的综合素质方面相辅相成。中华体育精神强调的公平竞争、团队协作和坚持不懈等品质，与思政课程的教育目标有很高的契合度。与此同时，要强化中华体育精神的德育功能，例如，中华体育精神中的团队协作可以与集体主义精神相结合，拼搏奋斗可以与社会主义核心价值观相结合，公平竞争可以与法治精神相结合等。同时，中华体育精神包含公正、诚信、坚韧、团结等优秀品质，这些都是思政教育中希望学生能够具备的道德品质。在思政课堂上介绍体育精神可以帮助学生更好地理解这些品质的内涵，从而在日常生活中积极践行。此外，在思政课堂上，可以通过讲述运动员的奋斗历程，让学生学习如何面对挫折和失败，提高他们的抗挫能力，还可以通过介绍体育运动对身心健康的好处，鼓励学生积极参与体育活动，从而培养他们的健康意识和运动习惯。

（二）充分体现中国体育故事和案例

在思政课上，选择具有代表性的体育故事和案例，引入中国运动健儿在

奥运会、世界杯等体育赛事中的精彩表现，或者我国著名运动员的奋斗历程，以此来阐述中华体育精神。比如，在马拉松比赛中，选手们互相鼓励、支持，即使有的选手落后了，也会有其他选手为他们加油鼓劲，这体现了体育精神中的团结和合作；在篮球比赛中，一名队员在比赛中受伤后，对方队员会停下比赛并伸出援手帮助，这展现了体育精神中的互助；在乒乓球比赛中，当一方选手发现自己的球出界时，会主动向对方表示，这体现了体育精神中的诚实和公正；在田径比赛中，当选手因为失误而落后时，他们会努力追赶，不放弃比赛，这体现了体育精神中的坚持和拼搏。

（三）加强课内外相结合

思政课程可以强调中华体育精神在日常生活中的应用，指出体育精神不仅仅体现在体育赛场上，更应该贯穿于日常生活中。在思政课上，可以引导学生思考如何在日常生活中践行体育精神，如在学习、工作、生活等方面展现团结协作、拼搏进取等品质。比如，在工作场所，体育精神中的公平竞争体现在争取晋升机会时，应强调用实力说话，营造公正的竞争环境；面对生活中的困难和挑战，体育精神鼓励人们保持坚韧不拔的精神；在学习新知识或掌握新技能时，即使遇到困难，人们也应坚持不懈，努力克服困难；在家庭生活中，每个成员都有自己的角色和责任，只有大家齐心协力，才能营造和谐的家庭环境。体育精神强调尊重对手和裁判，这在日常生活中同样适用。我们应该尊重他人的观点，以和平、友好的方式与他人相处；体育比赛中，运动员总是在挑战自我，追求更高的目标。在日常生活中，人们也应该勇于挑战自我，不断提升自己。比如，可尝试新的兴趣爱好、学习新的技能等，不断超越自我，实现个人价值。

（四）增强实践性、体验感

思政课程对于学生的思政教育应该注重实践性和体验感。教师可以采用创新的教学方法，如模拟游戏、角色扮演等，让学生在轻松愉快的氛围中学习和践行体育精神，也可以组织团队活动，让学生在合作中体验和践行体育精神。团队活动可以帮助学生提升团队合作和沟通技巧，同时也能培养他们的竞争意识和团队精神。除了团队活动、实践活动的参与，还可以利用间接参与增强思政课程的体验感，如参观体育博物馆，观看体育博物馆内陈列的众多具有历史意义和价值的体育文物，不仅能让学生了解体育的历史和知识，更能让他们感受运动员的奋斗精神，以及运动员在国际比赛中的优异表现，让他们更加深入地了解国家体育事业的发展历程和优秀运动员的奋斗历程，从而增强对祖国的热爱。

三、中华体育精神与高校体育课的融合点

（一）中华体育历史与文化的体现

中华体育精神能够与高校体育课进行深度融合，中华体育历史悠久，底蕴深厚，从古代的蹴鞠、武术，到现代的各种体育项目都蕴含着丰富的文化内涵和深厚的历史底蕴。这种历史的连续性和传承性，使得中华体育具有独特的魅力。中华体育强调身心并蓄，内外兼修。无论是武术、太极拳等传统体育项目，还是现代体育项目，都注重在锻炼身体的同时，培养人的意志品质、道德修养和人文精神。这种全面的身心训练使得中华体育具有独特的魅力和吸引力。此外，中华体育注重公平竞争、尊重规则。在现代体育中，公平竞争的精神得到了进一步的发扬和传承，使得中华体育在世界上赢得了广泛的尊重和认可。中华体育在发展过程中吸收了多元文化的精髓，同时也保留了自身的民族特色。舞龙、舞狮等传统体育项目不仅具有浓厚的中国特色，也融入了多元文化的元素，使得中华体育在世界上独树一帜。

（二）中国传统体育项目的展现

高校体育课不仅可以教授学生现代运动项目，也可以向学生展现中国传统体育项目，将传统体育项目进行结合能够传承和弘扬民族文化。中华体育

传统项目是中华民族文化的重要组成部分，具有深厚的历史底蕴和独特的文化内涵。在体育课堂上介绍这些项目可以帮助学生更好地了解和传承民族文化，增强民族自豪感和文化自信。[①]同时也可以丰富体育教学内容，中华体育传统项目种类繁多、各具特色，如太极拳、八段锦等。将这些项目引入体育课堂，可以丰富教学内容，增加课堂的趣味性和吸引力，提高学生的学习兴趣和参与度。并且，许多中华体育传统项目具有浓厚的民族特色和爱国情怀，如武术中的精忠报国思想，舞龙、舞狮中的团结协作精神等。介绍这些项目可以激发学生的爱国热情，培养他们的爱国主义精神。

（三）中华体育精神的沁润

在高校体育课堂中，中华体育精神对大学生的熏陶与影响随处可见。崇高的中华体育精神强调公平竞争和尊重规则，在体育课堂上，教师明确规定，所有学生都要在相同的条件下参与比赛或活动。同时，学生应尊重规则，遵守裁判的判决，以公平的态度对待每一个对手。崇高的中华体育精神也能鼓励学生在面对困难和挑战时具有坚韧不拔的毅力和顽强的拼搏精神。在体育课堂上，一些具有挑战性的任务或比赛可以让学生在实践中体验到克服困难、战胜自我的喜悦和成就感。此外，崇高的中华体育精神强调团队合作和集体荣誉感。在体育课堂上，团队比赛或合作项目能让学生体验到团队合作的重要性，学会与他人协作、沟通、分享和承担责任，也能让学生珍惜团队荣誉，为团队的胜利而自豪。崇高的中华体育精神倡导尊重对手、尊重裁判、尊重观众。

---

① 朱忠慧.提高高三英语词汇复习效率的对策研究［J］.高考，2023（15）：33-35.

第十章 中华体育精神在高校立德树人中的实践

一、优秀运动员对中华体育精神的宣扬

（一）运动员的榜样力量

优秀运动员，特别是在世界级比赛中取得优异成绩的运动员往往是公众人物，他们的言谈举止和行为表现通常能够引起社会大众的关注和热议。他们的正面形象可以激励人们，对社会的行为规范产生了积极的影响。同时，运动员参与公益活动和社会事业，为社会做出了更多贡献，在推动社会进步和发展的同时也吸引了广大公众的目光。当然，除了社会影响力，优秀运动员还是一种文化符号，代表着不同的文化和价值观念，对社会文化产生了深远的影响。此外，优秀运动员的成功故事和奋斗精神可以激励人们追求自己的理想和目标。他们的坚韧不拔、勇往直前的精神可以激发人们的斗志和勇气，鼓励人们在面对困难和挑战时不放弃、不退缩。可以说，优秀运动员从各方面都在影响着公众，特别是能够为青年大学生树立良好的榜样。

（二）优秀运动员所凝聚的中华体育精神

众所周知，能够站在世界体坛最高领奖台上的体育运动员实属凤毛麟角，想要在赛场上过关斩将，他们首先必须拥有卓越的运动技能，这是基础且核心的要求。无论是哪个运动项目，运动员都需要具备出色的技术技能，这是

他们能够在比赛中脱颖而出的关键。不断提升自身竞技水平离不开科学合理的训练，他们需要通过长期、系统、科学的训练不断提高自己的技能水平和竞技状态，同时，科学求实并不是对优秀运动员的唯一要求，成功运动员的背后都有无数的汗水和付出，这和一个人顽强拼搏的意志品质密不可分。当然，运动员顽强拼搏的精神不止体现在训练中，更表现在赛场上，比赛不仅是技术的较量，更是心理的较量。面对压力、逆境和失败，运动员需要保持冷静的心态，以便在关键时刻发挥出最佳水平，特别是在面对困难和挑战时，运动员需要保持积极的态度，相信自己能够战胜困难，取得最终的胜利。

此外，中国国家队的成绩不是一个人的功劳，而是团队的力量，中国国家队具备强大的凝聚力。每个运动员都深知自己代表着国家的荣誉，他们彼此之间有着高度的信任和默契。在训练和比赛中，他们相互支持、相互鼓励，共同面对挑战和困难。这种凝聚力让团队变得更加强大，为取得优异成绩奠定了坚实的基础。中国国家队的力量是一种凝聚力、协作精神和共同目标的结合，这种力量让团队在比赛中展现出强大的战斗力。无论是在国内赛场还是国际赛场上，中国国家队都展现出了强大的实力，成为国家体育事业的骄傲。

最后，一名优秀的运动员不仅要有高超的技艺，还应该具有高尚的情操，特别是爱国主义精神。运动员在国际赛场上为国家赢得了荣誉，他们用自己的实力和才华，展现了国家的体育实力和精神风貌。同时，这也是一种责任和使命的担当。站在领奖台上的运动员不仅代表自己，更代表整个国家。他们的成功不仅仅是个人的荣耀，更是对国家的回馈。他们通过自己的努力为国家争光，展现了国家的团结和力量。这种责任感和使命感让运动员更加坚定自己的信念和目标，为国家的体育事业不断奋斗和拼搏。

"小巨人"姚明的影响力

姚明出生于上海，他的天赋让他在很小的时候就展现出与众不同的篮球才华。在青少年时期，他通过不懈的努力和系统的训练，迅速崭露头角。在姚明的职业生涯中，他以其出色的技术和卓越的领导才能赢得了球迷和队友的尊重。姚明进军美国职业篮球联赛（以下简称NBA）提升了中国篮球的国际地位，姚明的加入，让NBA看到了中国市场的巨大潜力。他的出现，不仅增加了NBA在中国的曝光度，也为中国篮球树立了新的标杆。在他的影响下，越来越多的中国青少年开始关注篮球，投身篮球事业。中国篮球的国际地位因此得到了显著提升。同时，他还积极参与篮球赛事的策划和组织工作，推动了中国篮球产业的多元化发展。

更重要的是，姚明充分发挥了自身的榜样力量，培养了一批优秀的篮球人才。姚明深知人才是篮球事业发展的核心，他积极参与青少年篮球培训和教练工作，亲自指导并培养了一批又一批优秀的篮球人才。这些人才如今已经成为中国篮球的中坚力量，为中国篮球的未来注入了新的活力。姚明的故事和奋斗精神激励了无数中国青年投身于篮球事业。他坚韧不拔、勇往直前的精神成为中国青年的榜样。在他的影响下，中国篮球事业焕发出了新的生机和活力。

姚明在退役后并没有离开篮球事业。他成为中国篮协主席，继续为中国篮球的发展贡献自己的力量。他积极推动篮球改革，加强青少年篮球培训。在他的领导下，中国篮球事业取得了新的突破和进步。姚明作为中国篮球的璀璨之星，用自己的才华和智慧为中国篮球事业做出了贡献。他提升了中国篮球的国际地位，推动了中国篮球产业的发展，培养了一批优秀的篮球人才，促进了中外篮球文化的交流。即使退役后，他依然坚守在篮球事业的前线，为中国篮球的未来继续奋斗。姚明的故事和精神将永远留存在中国篮球的历史中，激励无数中国篮球青年为梦想而努力拼搏。

二、如何在高校讲好中国体育故事

（一）邀请优秀运动员进高校访谈

学校可以主动联系优秀运动员，邀请他们到校园进行专访。在访谈期间，运动员可以与学生们面对面交流，分享他们的训练经历、比赛经历以及面临的挑战和困难。这样的互动可以让学生们更加直观地了解运动员的辛勤付出和坚韧不拔的精神。

（二）举办体育专题讲座和报告

学校可以组织专题讲座和报告，邀请优秀运动员作为主讲人。运动员可以分享他们的成长经历、心路历程以及成功的秘诀。真实而生动的故事能让学生们感受到运动员的拼搏精神。

（三）运用校园媒体进行优秀事迹宣传

学校可以利用校园广播、海报、校报等媒体平台，对优秀运动员的事迹进行广泛宣传，通过图文并茂、生动有趣的报道吸引学生的关注。同时，可以在校园网站上开设专栏，介绍运动员的故事，方便学生随时了解和学习。

（四）与政府或社会体育组织合作

学校可以与各类体育机构和组织合作，共同推广优秀运动员的事迹。例如，与体育局、篮球协会等组织合作，举办系列讲座、展览或比赛活动，让学生们亲身参与，感受运动的魅力。

（五）开展体育主题教育

学校可以在思想政治教育课程或体育课程中融入优秀运动员的事迹，开展主题教育。通过课堂讲解、小组讨论、观看视频等形式，引导学生深入学习运动员的精神品质，激发他们的爱国热情和社会责任感。

（六）建立运动员榜样宣传栏

可在校园内设立运动员榜样宣传栏，展示优秀运动员的照片、事迹和荣誉。这样可以让学生们在日常学习和生活中随时感受到运动员的榜样力量，激发他们向优秀运动员学习的动力。

以上措施可以让中国优秀运动员的事迹更好地进入校园，利用中国优秀运动员的事迹激励高校大学生是一种有效的教育方法。在校园内面对面访谈、举办专题讲座、播报优秀事迹、建立对外合作、开展主题教育以及建立榜样宣传栏等方式可以让大学生从优秀运动员身上汲取正能量，挖掘他们的潜力。同时，也可以激发高校大学生的爱国情怀和社会责任感，促进他们全面发展。

三、校园体育文化建设推动高校立德树人

（一）大学校园体育文化

正品行、修美德，历来为中华传统文化所倡导。文化是校园软实力的综合体现，对大学生的思想和行为都能起到潜移默化的作用。校园体育文化适合作为中华体育精神传播的载体，它的建设与传播对中华体育精神的传承具有重要意义。因此，高校应该充分利用校园体育文化的育人功效，发挥它的德育作用，以此拓宽立德树人实施的途径。要正确理解校园体育文化的内涵，充分把握校园体育文化与德育的关系。在此基础上，深入挖掘校园体育文化的德育功能，才能够有针对性地做好校园体育文化建设，以此推动大学立德树人的教育工作。

（二）大学校园体育文化与立德树人的关系

文化是人类在社会历史实践中所创造的物质财富和精神财富的总和。[①] 随着社会文明的持续发展，演变出了体育文化的概念。最早期的体育文化译为身体文化，而现如今，体育文化主要是指人类在从事体育活动的过程中顺应和满足自身的身心需要所创造出来的成果。[②] 大学是物质文明与精神文明的摇篮，也是大学生汲取知识、陶冶情操的殿堂。校园体育文化作为大学文化的

---

① 熊泽南.高校校园体育文化内涵探析［J］.考试周刊，2008（43）：145-146.
② 符巍，许正勇.构建现代大学校园体育文化的国外经验借鉴及路径选择［J］.黑龙江高教研究，2018，36（5）：86-89.

重要部分，从内涵和外延上都影响着大学生的身心成长。要理清大学校园体育文化与德育之间的关系，首先必须明确两点：第一，文化就其广泛的民族学意义来说包含了道德。第二，体育与德育历来就是相辅相成的关系。早在1917年，毛泽东的《体育之研究》中就阐释了体育与德育、智育的关系，体育一道，配德育与智育，而德智皆寄于体，无体是无德智也。[①] 因此，不论是文化或是体育本身，都和德育存在着某种联系。校园体育文化是大学生接触最广泛、最有活力、最富创意的一种文化形态。[②] 所以，大学校园体育文化自然就和立德树人工作密切相关。

目前普遍认同的一种观点是校园体育文化包含校园体育精神文化、校园体育制度文化和校园体育物质文化三个层次，校园体育文化与立德树人的关系也体现在心理、行为、物质三个方面。校园体育精神文化是大学校园文化的核心和灵魂，包含了体育价值观、体育精神以及体育道德意识等，校园体育精神文化对于大学生三观的形成具有引导作用。例如，清华大学多年来弘扬的"无体育，不清华"就是一种独特的校园体育精神文化。校园体育制度文化主要是指体育教学、运动竞赛、体育活动以及体育科研的规则与制度，它不但保证了校园体育活动健康有序地开展，还可以规范和约束教师与学生的体育行为。[③] 比如，校运会除了为获得优异成绩的学生颁奖，还会为比赛中精神风貌良好的学生颁发"体育道德风尚奖"，以示对道德优良表现的鼓励和肯定。校园物质文化主要涉及运动场地、设施、器材以及建筑等，虽然和大学生德育没有直接的联系，但校园物质文化是校园体育文化的现实载体，为体育活动提供了物质基础与保障，是校园体育文化和大学生德育之间不可或缺的纽带。

---

① 杨昕睿，秦浪，李庆波，等．高校公共体育课课程思政建设的路径选择［J］．煤炭高等教育，2022，40（6）：80-85.

② 朱昆，刘英．构建高水平人才培养体系中发展特色竞技运动队的实践与探索：以五邑大学特色网球队的建设为例［J］．文体用品与科技，2019（13）：71-72.

③ 刘元国．高校校园体育文化建设的思考［J］．现代教育管理，2015（10）：63-66.

（三）大学校园体育文化所发挥的德育功能

1. 爱国情怀的培养

爱国是首要美德，大学是青年形成世界观、人生观、价值观的重要时期，因此培养爱国情怀是大学校园体育文化首要的德育功能。大学校园体育物质文化的环境塑造可以起到一定的精神引领作用，如校园内悬挂的奥运冠军运动员和队伍的海报、橱窗内宣传我国优秀运动员的爱国事迹等能够营造为国争光的氛围，也能让大学生为自己是中国人感到骄傲与自豪。开展课外体育活动或校内体育赛事可以加强大学生的集体观念、团队意识，从而激发大学生的爱国情怀。

2. 守法意识的养成

大学是人才集中、思想活跃的地方，对大学生的规则、法治教育应当时刻进行，注重课堂教学和课外教学相结合。校园体育文化能够利用这种优势，营造健康向上的规则、法治氛围。在体育课堂上，大学生会受到课堂纪律的约束。而在课外，大学生的一切运动都必须在规章制度的约束下进行，如学生不得在上课时间进入体育教学场地运动，借用场馆组织体育活动或社团的比赛需要办理相关手续，举办大型的体育集会需要向学生处、团委等部门进行报备并征得同意等。

3. 行为规范的促进

大学校园体育文化蕴含的体育道德、体育功德以及体育礼仪等能形成一种集体氛围与精神力量，潜移默化地影响大学生的言行举止。例如，运动员在比赛场上尊重对手、尊重裁判的行为能够给观众席上的学生提供一种心理暗示，引导他们在生活中尊重他人。又如学校体育活动所制定的规则要求大学生在运动时控制自己的行为，这种约束可以帮助大学生形成良好的道德行为规范。可以说，比起思想品德课程上的理论教授，校园体育精神文化对大学生能够产生更生动的德育效应。

4. 意志品质的塑造

校园体育文化活动的开展不但对学生强体魄很有帮助，对学生强心智也大有裨益。大学生参加课外运动会可以体验艰苦与疲劳，如冬季的晨跑需要学生克服严寒，战胜身体上和精神上的懈怠。又如参加运动竞赛会面临竞争与挑战，校园篮球、足球等比赛会产生直接的身体对抗，学生必须直面对手、顽强拼搏才可能赢得胜利。因此，校园体育文化活动既可以增强学生的体质，也可以磨炼学生的意志，而且校园体育文化活动的受众面广，一旦出现个体带动就会产生全校性的群体效应，让正能量得以传播，从而提高大学生的综合素质，为他们今后步入社会打下坚实的基础。

5. 文化自信的激发

我们所坚持的四个自信中，最根本的就是文化自信。大学校园体育文化承载着优秀传统文化，我国体育文化在中华民族的历史长河中形成了独有的底蕴和特色。在大学校园里，很多传统体育项目注重意境、尊崇道德，强调体育本身的艺术性。比如，太极拳就是北京大学体育文化的一张名片，太极拳融合了儒家、道家哲学理念，是刚柔并济、内外兼修的中国传统拳术。太极拳运动在北大的开展，有效地传承了北大的教育理念和体育文化，对于北大师生身体素质与文化素质的提高具有良好作用。大学校园体育文化蕴含中华传统观念与伦理思想，对于激发大学生文化自信、提升大学生的精神追求有深层次的教育意义。

（四）实现立德树人的大学校园体育文化建设途径

1. 完善校园体育文化的制度管理

要实现大学校园体育文化的德育功能，需要从制度层面加大管理力度。首先，校领导必须对校园体育文化的发展有足够的重视，明确校园体育文化的德育功能，针对目前制度管理的不足提出一系列改进的建设。其次，学校相关部门要进一步制定有关校园体育文化建设管理制度，以出台文件的形式要求校园体育文化建设必须包含对大学生的体育道德、体育精神的培养，把制度作为文化发展的保障。最后，设置校园体育文化管理机构，监督德育教育在学校各类体育社团组织的落地情况，要求社团通过活动、竞赛等形式宣扬中华民族传统美德，并将德育的融入情况作为社团组织的考评标准，通过优化制度的管理落实校园体育文化的德育功能建设。

2. 强化校园体育文化的物质基础

校园体育物质文化是体育文化的实际载体，也是实现体育文化德育功能的物质基础。校园体育文化的物质基础不仅能够传播体育文化知识，也可以宣扬体育文化传统。因此，大学应该加强校园体育文化建设的投入，结合校园环境的特色兴建一批体育场地设施，购置不同运动项目所需器材，搭建体育知识宣传栏，在图书馆内设置专门的体育类书籍阅览区域等。如此既满足了全校师生的需求，也为校园体育文化与大学生德育教育搭建了稳固桥梁。当然，体育硬件条件的添置需要尽可能融入具有中华民族特色的文化元素，打造校园体育文化与德育文化的共同体，这样才能达到以体促德的教育目的。

3. 加强校园体育文化的精神渗透

精神渗透是大学体育校园文化建设中实现立德树人的方法。校内设立的体育雕塑能在视觉感官上起到很好的感化作用，如《掷铁饼者》能够让学生体验肌肉线条美、力量美，奥运五环可以让学生感受奥林匹克崇高的精神内含，在教学场所设立带有体育格言的文字展板，可引导大学生形成更快、更高、更强的体育意识。在橱窗内放置海报，讲述中国优秀运动员为国争光的英雄事迹，可激励大学生强身健体为祖国奋斗的决心。与此同时，还应该重视向大学生宣传中华民族传统体育文化，大学可以根据所在地域文化的不同开展民族传统体育项目教学，也可以在校运会的开幕式上通过歌舞类表演展示民族文化特色，这对于弘扬和传承中华民族传统文化、培养大学生的文化自信有重要的教育意义。

4. 促进校园体育文化的人才培养

大学体育教师本身就是校园体育文化中大学生最好的德育楷模。首先，要确保体育教师有良好的道德规范，使他们不仅要在教学过程中做好表率，在日常生活中也要为学生做好榜样示范作用。其次，应当注重培养体育教师新的教育理念，不能只关注对学生运动技术、技能的教育，也要对学生进行思想品德教育，在校园体育文化的环境中引领大学生的意志品质与价值观朝着利于身心健康的方向发展。所以，培养体育教师创新的育人理念，建立一支文化素养高的体育教师队伍对于校园体育文化的德育效果至关重要。

5. 推动校园体育文化的媒体传播

在信息技术飞速发展的今天，媒体成为储存和传播信息的必要工具，推动校园体育文化的媒体传播能为校园体育文化实现德育功能提供更加多元的渠道，促使校园体育文化德育建设得到良好效果。具体有以下两条实施途径：第一，巩固传统媒体的宣传作用。利用好校园广播、校报以及宣传栏等讲述励志的体育公共事件，最好采用讲故事、做访谈的形式进行德育传播，生动的事例比抽象的理论更能深入人心。第二，挖掘新型媒体的传播功能。利用电子屏幕在校园播放与政治思想教育有关的体育新闻，建设校园体育文化网页等方式传播体育人文知识，设置专门的模块宣传国内外具有立德树人教育意义的体育资讯，加强互联网与多媒体的介入，营造校园体育文化的育人氛围。

参考文献

[1] 张杰，李佳琪，张欣.中华体育精神融入高校体育课程思政的时代价值、元素解析与推行路径 [J]. 天津体育学院学报，2023，38（5）：591-598.

[2] 崔永晶，曲倩倩，韩艳梅，等.基于"五育并举"的高校学生综合能力评价体系探究：以西部地区高校农村籍学生为例 [J]. 甘肃教育研究，2024（1）：4-7.

[3] 解静.思政教育融入初中美术"设计·应用"学习领域的实践研究：以苏少版《美术》七年级上册单元教学设计《花花世界》为例 [J]. 教师教育论坛，2023，36（10）：81-83.

[4] 杨增崒.苏联解体前后青年价值观教育的实践反思与历史启示 [J]. 高校马克思主义理论研究，2019，5（1）：41-51.

[5] 李玉淑.书院制模式下学生宿舍教育功能的实践探索：以南京审计大学泽园书院为例 [J]. 高校后勤研究，2020（4）：16-18.

[6] 王欢.为党育人 为国育才 [J]. 北京教育（普教版），2018（11）：5-6.

[7] 王丹，梁广东.中华体育精神融入高校思政课的现实价值与推进策略 [J]. 学校党建与思想教育，2023（2）：59-61.

[8] 李婧毓，屈建华.体育类课程思政价值意蕴与五环相扣教学实践路径：以"体育新媒体运营实务"课程为例 [J]. 吉林广播电视大学学报，2023（4）：19-21.

[9] 董进霞.新中国 70 年国家认同、社会性别与竞技体育互动关系的演变 [J]. 成都体育学院学报，2020，46（6）：7-13.

[10] 史平臣.北京冬奥会视域下政府管制与公民基本权利协调规制法理探究 [J].邯郸职业技术学院学报，2022，35（1）：1-5.

[11] 陈爱莉.实现体育强国梦"女排精神"不能忘 [J].文体用品与科技，2019（19）：38-39.

[12] 王路生.迈向游泳事业发展的春天：2014年新年献词 [J].游泳，2014（1）：3.

[13] 曹彧，轧学超，卢苇.传播全民健康理念，弘扬中华体育精神 [J].新闻战线，2021（23）：72-75.

[14] 华南.新年贺词中的闪光面孔 [J].中华儿女，2020（1）：12-15.

[15] 吴涯，陈跃娟.立德树人视域下大学生社会主义核心价值观的培养路径探究 [J].现代职业教育，2019（35）：12-13.

[16] 李宝富，王海燕.大学和谐文化建设与大学生综合素质培养 [J].中国科技信息，2007（22）：265-266.

[17] 刘娜，杨士泰.立德树人理念的历史渊源与内涵 [J].教育评论，2014（5）：141-143.

[18] 江颉.红色资源融入大学生社会主义核心价值观教育探析 [J].广西教育，2014（3）：29-30.

[19] 李梓鑑，刘映纯.探究"三全育人"背景下高校学生社区建设 [J].人生与伴侣，2021（47）：88-90.

[20] 张虹.大型体育赛事现场报道重要环节探析 [J].国际关系学院学报，2005（5）：72-76.

[21] 余博.以低碳经济为导向的产业体系转型及产业生态重构 [J].湖南工程学院学报（社会科学版），2012，22（1）：9-13.

[22] 葛锦润，李根艳.严峻就业形势下篮球专项类大学生的培养 [J].科技信息，2009（29）：217.

[23] 赵燕."互动"模式在高职英语阅读教学环节中的运用 [J].科教导刊，2010（8）：18-20.

[24] 徐长国.关于加强大学生诚信教育的思考[J].科技信息（学术研究），2008（21）：474-475.

[25] 郝凤艳.浅谈大学生诚信[J].学理论，2015（21）：184-185.

[26] 袁睿.人工智能在个性化教学中的应用[J].华东科技，2023（11）：53-55.

[27] 刘仕梅.学校体育政策的发展与改革探析[J].文体用品与科技，2019（24）：32-33.

[28] 纪国伟.毛泽东关心学生身体健康二三事[J].党的文献，2001（6）：75-76.

[29] 黄松.新课改下如何突显高中生物学科的核心素养[J].课程教育研究，2017（48）：142-143.

[30] 汤晓茵.大众体育在改善民生促进社会和谐发展中的作用研究[J].体育科技，2015，36（4）：84-86.

[31] 马得平，张君孝."寓德于体"理念下高校体育课程思政建设的价值审思、现实困境、路径抉择[J].浙江体育科学，2022，44（2）：62-66.

[32] 王萍.基于花朝节文化的文创包装产品设计应用[J].中国包装，2023，43（9）：50-53.

[33] 杨召军.从中学生体质健康谈初中体育[J].成才之路，2012（23）：56.

[34] 朱昆.将竞技运动融入高水平人才培养体系构建的实践与探索：以五邑大学特色网球队的建设为例[J].体育科技文献通报，2019，27（10）：30-31.

[35] 李丹.浅谈健美操在高校校园文化建设中的作用[J].才智，2014（8）：58.

[36] 郑国佳.中华体育精神融入高校思想政治教育研究[D].石家庄：河北师范大学，2023.

[37] 陈国华.文化强国背景下的中华体育精神弘扬研究[D].南昌：东华理工大学，2018.

[38] 江华.坚守初心 砥砺奋进 续写"体育之乡"新篇章[N].南通日报，2021-08-02（A4）.

[39] 人民网.全面展示北京冬奥会冬残奥会精彩非凡卓越的奥林匹克新篇章为推进中华体育强国建设作出贡献 [EB/OL].（2021–10–26）[2023–11–20]. http://jhsjk.people.cn/article/32264120.

[40] 人民网.中共中央关于党的百年奋斗重大成就和历史经验的决议 [EB/OL].（2021–11–17）[2023–11–20]. http://jhsjk.people.cn/article/32284363.

[41] 人民网.在北京冬奥会、冬残奥会总结表彰大会上的讲话 [EB/OL].（2022–04–09）[2023–11–20]. http://jhsjk.people.cn/article/32395043.